2017 年度宁波市社会科学学术著作出版重点资助项目

Wangluohua Geren Zhuyi Zai
Zhongguo De Jueqi： Shehui Wangluo
Ziwo Chuanbo Wangluo Yu Gudugan

网络化个人主义在中国的崛起：社会网络、自我传播网络与孤独感

傅正科　严梦思　/著

ZHEJIANG UNIVERSITY PRESS
浙江大学出版社

图书在版编目(CIP)数据

网络化个人主义在中国的崛起:社会网络、自我传
播网络与孤独感 / 傅正科,严梦思著.—杭州:浙江大
学出版社,2019.1(2019.11 重印)
ISBN 978-7-308-18887-6

Ⅰ.①网… Ⅱ.①傅… ②严… Ⅲ.①个人主义－研
究－中国 Ⅳ.①B089

中国版本图书馆 CIP 数据核字(2018)第 301554 号

网络化个人主义在中国的崛起:社会网络、
自我传播网络与孤独感

傅正科 严梦思 著

责任编辑	杨利军	
文字编辑	周 群	
责任校对	张培洁	
封面设计	春天书装	
出版发行	浙江大学出版社	
	(杭州市天目山路 148 号 邮政编码 310007)	
	(网址:http://www.zjupress.com)	
排 版	浙江时代出版服务有限公司	
印 刷	虎彩印艺股份有限公司	
开 本	710mm×1000mm 1/16	
印 张	12.75	
字 数	222 千	
版 印 次	2019 年 1 月第 1 版 2019 年 11 月第 2 次印刷	
书 号	ISBN 978-7-308-18887-6	
定 价	49.00 元	

目　录

绪　论

孤独感从人类诞生开始便已经存在,是多个学科研究的焦点。因其复杂性、普世性,以及对个体而言的终极性,不同的学科对该现象展开了源自本学科理论资源的研究。孤独感作为个体切己的内心体验,心理学有更多的发言权;哲学则从存在的角度对其进行了剖析。时代的变革,使得现代社会的孤独感往往与社会的变迁挂钩,因此诸如齐梅尔、帕克等社会学家对此现象都展开过讨论。

传播意味着社会联系。移动、社交、互联网的出现,增加了个体与他人展开互动的可能,为传播学研究提供了一个想象的空间。传播学直面人类沟通与整合的问题。随着信息化与后工业社会的到来,媒介与身体逐渐无缝对接,由移动、社交、互联媒介所建构的自我传播网络延伸着主体与外部社会的联系。本研究试分三个层面对该现象予以探讨:第一层面是对传播与孤独感研究的综述,分析了空间媒介、大众媒介、移动互联媒介中所展开的传播实践如何对社会关系形成影响,对现代人的心理起到什么样的作用;第二层面是本研究的主体部分,分析社会资本如何通过自我传播网络得以流动并影响着不同维度的孤独体验;第三层面从认知角度解释了身处群体中的我们为何依旧会感到孤独,这种孤独体验又将如何影响媒介使用。

第一章回答的是第一层面的问题,该部分以传播学的视角探讨传播在解决个体孤独感时如何发挥作用。传播即为关系,本章从空间媒介、大众媒介及网络媒介三方面对此议题展开探讨:空间媒介可以看作是人类线下交往的前提,大众媒介可以看作是人类交往想象的建构,网络媒介可以看作是人类线上交往的空间。

第二章到第六章为本研究的主体部分,回答的是第二层面的问题。该部分以今天的中国作为研究语境。在走向单身社会的进程中,本部分所感兴趣的核心问题有两个:首先,对个体而言,不同类型的社会关系对减少孤独感究竟起到了什么样的作用;其次,人们究竟是如何使用不同类型的媒介,提升社会联结的,这种联结如何对孤独感产生影响。

第七章试从心理学的视角探讨群体性孤独为何发生。实证研究发现,社会网络或自我传播网络虽然对五种类型的孤独感存在显著影响,但影响强度并不是很大。本章从认知层面,希望对此现象予以解释。认知对个体的孤独体验存在着调节作用,因此本研究将从认知的角度探讨两个核心问题:首先,为何我们身处看似良好的社会关系,但依旧深感孤独,认知、伦理、语言如何让个体陷入困境之中;其次,为什么感到孤独的我们在使用媒介时,结局往往是用"关系"逃避关系。

第八章对全书进行了总结,就研究方法上的局限进行了反思,同时就网络化个人主义这一研究领域未来可能的研究议题做了思考。

第一章 传播如何建立亲密联系：
传播与孤独研究综述

  米尔斯曾指出，现代人总是感觉自己的生活出现了问题，但是他们无法说出哪里出了问题，又为何出现问题，而社会学家的作用则是将他们无法言说的问题言说出来，并进行严肃的考察与分析。一个问题之所以会成为多个学科的焦点，一定是由于该问题触及了人类最根本的生命体验。被抛入这个世界的我们，由于时刻感受到孤独，或由于存在焦虑，或由于潜意识里的被抛弃感，抑或是由于社会的变迁，使得该问题十分自然地成了一个拥有较长学术研究传统的话题。

  孤独感作为一种普遍的个人体验，不同学科出于不同的目的，有不同的研究路径。现代性带来的城市化引发了社会学意义上的孤独感。学者斯莱特指出，受现代性影响，现代人之所以孤独，一方面与主观关系认知相关，另一方面则与客观关系现状相关：现代性所带来的时代的流动性，使得我们身边为陌生人所充斥，主观上，人们普遍无法信任他人，客观上，身边缺少理想的社会关系，所以导致了现代人的孤独与疏离。因此，身处现代性浪潮中的我们，总感到"如同在月亮上一般孤独"。

  传播即为关系，关系通过传播发生。在传播学研究史上，一些讨论甚多的主题，例如共同体、整合、社区，无不与关系联系在一起。本章将主要介绍传播学研究史中，空间媒介、大众媒介、新媒体是如何与社会关系这一概念联系在一起的，以及不同的学者是如何看待传播与现代人孤独之间的关系的。

第一节　媒介即中介

齐美尔在其随笔集《桥与门》中指出,与现代性相伴随的城市化使先前的交往空间被打破,同时媒介中介了人与人之间的交往。媒介,不仅仅只是传递信息的渠道,更是中介,承载着现代人社会关系的"环境"。

作为中介的媒介在四个方面发挥着作用:空间媒介,即将空间看作承载交往的媒介,成为城市人重建交流的载体,通过空间的重新设计与布局,促进人们的社会交往。这一研究路数自空间媒介这一概念提出以来,一直延续至今,成为可沟通城市与城市传播学研究的重要话题。大众媒介,即发生于拟态空间,承载于媒介表征中的社会关系。媒介所建构的"理想家园"的表征,承载了现代人理想社会交往的想象。各类公共家园建设、生活家园共建等标语充斥了各类媒体,表征作为媒介中的地方,将影响个体对于其所处的"现实家园"的感知。这一研究路数,亦有相当长的研究传统,帕克、舒德森的思考起点似乎都与此相关。近来在新媒体环境下,有学者亦将媒介表征看作是影响现代人地方感知的重要因素[1]。新媒体,即发生于虚拟空间,承载于移动、社交、互联网络中的社会关系。这一研究路数,自计算机媒介交流(computer mediated communication,CMC)以来就有研究,包括对即时通信(instant messaging,IM)、脸书网等不同新媒体类型的研究。而由移动互联网所创造的重新勾连远距离人际关系的新型空间,在移动、社交、互联媒体中承载着现代人的社会关系,是网络化个人主义时代下的一个新的议题。

孤独感是一体两面的。其客观的面向强调客观社会关系的缺失,他们认为若将孤独感作为因变量,较为合理的解决途径是将个体置于理想的社会关系之中;其主观的面向强调主观对关系的认知,他们认为解决孤独感较为合理的方式是改变个体的认知。就孤独感的客观面向而言,不难想象与空间媒介、新媒体以及网络化个人主义的研究及其界定方式的联系更为紧密,因为空间媒介所强调的是发生在现实空间中的社会关系,新媒体强调的则是发生在虚拟空间中的社会关系,而网络化个人主义则更加强调媒介是如何嵌入现代人社会生活之中的。就孤独感的主观面向而言,则与大众媒介的研究联系更为紧密。在学术史上,该研究路径所思考的问题是媒介所建构的"想象共同体"将如何影响现代人的家园、社区、国家归属感。

记得库恩曾用等高线打过一个比喻。这个比喻,令笔者印象最深刻是,不同的学者用不同于他人的理论框架与概念,建构着自己所体验到的"社会宇宙";与此同时,不同的学者又用同一种范式对某一社会现象进行解释。之所以会这样,一定与这一学术共同体所处的社会背景有所关联。

因此,在对三个研究路径的研究进行梳理的时候,将按照如下的思路展开:

(1)介绍在各研究路径中,学者们对社会关系、媒介、孤独感的看法与概念化方式;

(2)交代在各研究路径中,国内外主要学者的研究成果,并对他们为何提出这种观点从社会现实的角度进行分析;

(3)总结研究者对该研究路径的看法。

第二节　空间媒介如何重构我们的社会交往格局

在空间媒介这一概念棱镜之下,关系被看作是发生在实体空间之中的,空间就是一种媒介,而现代人之所以孤独或者疏离,是由于空间的布局与设计限制了人们的交往与互动。因此,他们提出的策略是,改变城市空间布局的生态,认为这是解除现代人孤独与疏离现状的重要途径。

一、互动的局限与孤独感

虽然孤独感是认知与社会关系互动的结果,但对现代人而言,客观社会关系的缺失显得更为重要。从互动角度就孤独感进行分析的代表性学者是韦斯(Weiss)。他有两个核心观点:首先,他认为孤独的成因应该分两个方面,一个是社会方面,另一个则是个人认知方面,孤独是两个方面互动的产物;其次,他认为较之认知,社会关系对现代人而言或许更为重要,因为其能够提供情感支持、亲密感等,而孤独之所以发生,是理想社会关系的缺失所导致的[2]。他提出了两种类型的孤独感:情感性孤独与社会性孤独。这两类孤独感的成因对应着两种类型的社会关系。情感性孤独是亲密依恋关系的缺失所导致的,例如爱人或恋人的离去。情感性孤独的个体更有可能体验到焦虑感、虚无感与不安感,这与儿童在离开家人的时候的焦虑感极其相似。社会性孤独的个体则与重要友谊的缺失或者社区归属感的缺失有关。社会性孤独感强的个体会体验到无聊以及边缘感。尽管韦斯从两个方面讨论孤独感的形成原因,但是韦斯显然更加看重外部社会关系,并将个体所处的环境看作是形成孤独感的主要原因。

时代的流动性将个体从熟人社会中剥离出来并抛入新的社区。城市化进程使得不同的群体流入同一个社区,流动性使得信息、语言、文化汇集到了一起,从而使得"家"这个概念不同于以往。远处的国度(即原先远离我们的陌生的、存在危险的人)入侵到我们的生存领域中(即安全的领域),从而使得我们的生存空间处于杂糅的状态[3],这意味着你和你的邻居可能是完全不同的人。也正是在这样的社会背景下,现代人虽然居住在熙熙攘攘的城市中,却依旧感到无比的孤独。

二、重构交往空间的空间媒介

随着社会的变化,城市的出现将如何对个体与社会产生影响,成了一个重要的研究问题。不同的学者对此持不同的看法。社会学家的观点大致可以分为两类,一类较为悲观,一类则较为乐观。两种观点背后预设了两种城市发展模式,与悲观的观点对应的是线性社区依附模式。线性社区依附模式指出,城市化与工业化的发展,将导致人口的激增、居住密度的加大、居民的异质化以及群居性的生活。而与乐观的观点对应的则是系统性社区依附模式。系统性社区依附模式指出,社区是社会建构的产物,有自己的生命周期,在不同的时间点上,制度、生态与规范等变量都会对社区产生影响。显然,线性社区依附模式更加注重外部的变量对社区居民生活的影响,而系统性社区依附模式则更加注重社区的内生性变量,并将社会关系看作社区的核心。根据第一种观点,城市化的结果必然是消极的,而根据第二种观点,即便在城市化的进程中,亦可通过个体的努力,重新对城市加以改造。

滕尼斯所持的观点较为悲观。他曾就如下问题做过深刻的思考:当社会从农村向城市变化的时候,将会产生什么样的影响?他将社会关系分为有机与无机两类:有机的社会关系指的是以地缘、亲缘与思想为连带的社会关系,而无机的社会关系则是由社会劳动分工所产生的人与人之间的关系。滕尼斯认为,城市化带来的是无机的社会关系模式,这种社会关系与先前以社区为单位所建立的社会关系有所不同,城市化势必导致人们的疏离与陌生。与滕尼斯类似,迪尔凯姆也就 19 世纪社会发生的变化做出了分析,只是他用的是无机团结与有机团结的概念,这两个概念与滕尼斯所说的两种形态的关系基本对应。那么,城市化所带来的空间格局,对我们的社会心理有着什么样的影响呢?就中国的城市空间布局对个体的影响而言,有学者指出,中国现代城市空间布局的畸形肯定会影响人们的心理健康。他们通过对现实城市建设中普遍现象的描述，对城市中的畸形空间布局进行了心理解读，找出了其中影响心理健康的客观因素，并从心理学的角度去体会和感知城市中客观要素所带来的心理恐惧、孤独以及黑暗等心理影响。

对于城市化进程带来的影响，齐美尔持有较为辩证的观点，提出了一体两面的观点：从反面来看，城市就像是一个金钱社会，在这样的社会中蔓延着工具理性、个体性、匿名性，人与人之间工于心计、人情淡漠；从正面来看，大都市化与城市化的进程，虽然把个体从熟人社会抛入了充斥陌生人的大都市中，但是城市保障了个体能够维系自己的独立性，并可以保障自己免于社会权力的监督、历史因袭的压力以及外部文化的影响，也给个体的解放带来了前所未有的自由。

面对城市化，帕克等人则显得较为乐观。他们认为通过空间的重新设计，可以重建人与人之间的纽带。芝加哥学派的学者指出，即便在高度发达的城市中，也存在集体生活。帕克从人类生态的角度分析社区的物质与生态格局是如何映射在其中居住的群体的社会、经济地位的。帕克指出，城市并不只是人、机构、组织的聚集，更是人类本性的延伸。根据帕克的观点，即便是在大型的都市中，个体依旧可以让自己找到人之所以为人的那些空间。这些空间使得人们有可能找到和自己类似的人，并获得社会支持。当然这种变化不单在大型城市中发生，帕克就芝加哥进行过分析。他发现，随着社会的变化，那些提供人们聚集场所的空间也会发生变迁，酒吧正在逐渐取代教会与沙龙，成为当地社区讨论公共议题的场所。与帕克类似，詹诺维茨亦对滕尼斯的悲观观点进行过批判，他认为人们有能力与能动性去重新组织自己的现代都市生活。那种有机社区亦可以在现代都市中找到。这种观点亦可见诸国内学者的相关研究中。

有国内学者指出，对于现代人的孤独感而言，城市空间的建设有着十分重要的作用[4]。该研究者于文章中指出：孤独是主体对象（自然、社会、信仰）疏离的某种深度心理体验，个体的孤独主要源于主体需要与实现的可能性、主体超越意识与超越有限性之间的悲剧冲突；并且孤独的作用是多个层面、多个向度和辩证的，对城市秩序而言，孤独是建构性与消解性的统一。在现代性、城市化的作用下，孤独首先成为西方现代城市社会的某种普遍心理现象，而在当今快速现代化的中国，城市社会的孤独不仅具有世界城市孤独的某种普遍共性，而且由于传统文化中某些宗教、信仰的抽离，中国的城市孤独还具有鲜明的本土化特征[5]。因此，有必要从中国实际出发，探讨构建心理秩序、城市秩序的具体路径。

国内学者就芝加哥学派的城市与空间如何联系的问题进行过归纳。研究认为,在现代城市化的背景下,芝加哥学派的交往思想把握了城市传播活动中的交往空间、交往者、交往行为、交往思想之间的关联和制约。芝加哥学派把社会有机体的观点作为城市交往思想的基本立足点,认为城市交往发生于城市的物理空间和心理空间之中。一方面,他们重视经验实证的传统,以芝加哥城这座"天然的实验室"来开展城市问题的研究;另一方面,他们本质上都将正在崛起的现代传播媒介看作恢复或重建交往"共同体"的力量,以纠正工业化、城市化和移民运动带来的破坏。

实际上,在城市化进程中,一直存在两种城市发展的模式。一种是任由城市扩张,另外一种则是传统的邻里模式[6]。城市化的无序扩张割断了历史的沿革,忽视了人之所以为人的最基本的人际交往的需要,同时忽视了任何美学价值。而与之相反的传统邻里模式则依旧保持了那种带有传统友谊色彩的社区关系。在中国历史中,后者原先是城市发展的首选模式,现在依旧可以在北京看到这样的城市风格。在北京、西安等城市化较早的地区,延续的是那种大的城市中,一个个的小四合院。可是,随着现代化进程的加快,中国的城市模式逐渐演变成西方意义上的城市,在这种城市中,人与人如同原子一般,并没有太多的交集。

也正因此,有国内学者指出,必须从空间这一角度对现代人的社会心理进行研究。研究认为,19世纪末20世纪初齐美尔对大城市及其精神生活的论述,可以说是城市社会心理研究的开端。西方社会心理学基本上是以城市居民作为对象的,其研究成果对我国城市和和谐社会建设具有借鉴意义。目前我国城市化进程日益加快,出现了一系列具有中国特色的社会心理问题。因此,可将城市作为一个特殊区域,以其中的市民为被试,以心理学取向的社会心理学和跨文化心理学为理论基础,着力研究城市化过程中发生的各种影响,以及和谐社会建设的微观和宏观心理学问题。

总之,空间媒介概念的提出者,将注意力放在城市作为承载现代人社会交往的空间是如何通过空间格局的调整来重建现代人的社会交往的这一问题之上。有学者质疑这种理想化的城市布局反对利伯维尔场干预,对复古的传统社区抱有幻想,忽视了政治、经济、文化变迁对现有社区已然造成的影响。另外一部分质疑来自文化学者。例如有学者就建筑环境对个体行为的影响的力度提出过怀疑,"显然在强调空间的学者眼中,他们忽视了社会、文化与经济对社区的重要作用"。在两部相关论著中,甘斯指出与社会、经济、文化因素相比,建筑环境对行为影响微乎其微。尽管有学者就物理空间的作用提出过质疑，但是，也有诸多的研究认为城市空间将促进政治参与、居民参与以及系列的民主行为。也有研究指出，物理空间将影响人们的公共健康意识、社会地位以及集体身份认知。

自然，如果说空间媒介这一概念的核心是将任何能够提升社会互动与凝聚的载体均看作媒介，那么该范畴自然也包含了处于其中并可以提升社区凝聚力的传播基础设施。

三、城市中的传播技术变量与社区整合

社区整合的早期研究，以芝加哥学派、哥伦比亚学派和帕森斯所主持的研究为代表。芝加哥学派主要从文化建构与社区整合两个角度入手进行研究。而哥伦比亚学派在《中城》以及《中城的变迁》的历时性研究中，将六大因素作为自变量，用于预测因变量城市变迁的可能。这六大因素包含了报纸、广播以及信息网络。帕森斯将社区定义为会对居民及其行为产生影响的社会系统的结构。他同样将传播系统，包括信息、舆论、意见以及普通文化知识纳入社会系统结构中。帕森斯所关照的是个体是如何融入社区的传播过程中的。

后续研究的关注重点是人际社会网络与大众媒介如何对社区产生交互性的影响。其中最著名的就是拉扎斯菲尔德所提出的二级传播理论，即大众媒介是通过意见领袖将信息传输给大众的。研究指出，大众传播与最后实现的传播效果之间的中介变量就是人际传播。詹诺维茨提出了"有限责任社区"这一概念，他认为在此类社区中，人们虽然仍然能够与家人、朋友、首属群体建立联系，可是跟以前相比，人们离开这种联系也变得更为容易。同时他也指出报刊在整合社区中的重要性。报刊阅读与社区感之间存在正相关性[7]，报刊阅读是一种满足本地居民认识当地信息的重要手段。

目前在地方媒介对社区整合的议题中，往往采用定量研究的路数。有研究从宏观（社区的整体语境）、中观（以世代为标准的媒介使用模式）、微观（个体媒介使用动机）三个变量，就此议题进行过分析。通过回归分析，找到了影响社区参与的变量[8]。老年人群体是社区参与的重要成员，本地媒介使用、和本地机构的联系、和邻居的联系、居住时间、房屋所有权等，与邻里归属感、集体效能感、自愿参与义务劳动变量有正相关性。

这种定量的研究方法已经成为媒介与社区整合范式下的主流研究方法。主要的操作变量包含媒介使用、市民人口变量、社区媒介结构等自变量和社区参与因变量。研究路径是通过截面或历时性研究找到各个变量之间

的相关性。研究结论一般为媒介使用对社区的参与、整合有着显著的影响。当然,个体、环境与媒介都不能仅仅简单化为变量之间的相关,抑或是从时间序列所推知的因果关系。

关于媒介与空间互相融合的议题,亦有国内学者展开过分析。有学者指出,在社会关系框架内,媒介与空间达成了一致,即空间具有媒介性质,媒介也具有空间属性。由此反观空间发展与媒介进化的历史轨迹,可以发现媒介空间化与空间媒介化这两种趋势,并且这两种趋势以电子媒介时代为分水岭[9]。

这种将城市空间与媒介融合的思想实则与今天城市传播的主旨是类似的。

四、城市传播议题下的城市空间

空间媒介这一议题,在今天的城市传播研究中依旧是讨论的重点。城市传播的议题大致可分为如下几类:

第一类研究根据传播基础结构论(communication infrastructure theory,CIT)来分析媒介作为一个变量是如何影响社区的。有学者分析了不断发展的传播设施对人与人之间的互动以及城市居民利益的影响。

第二类研究则延续着文化研究的路数。有学者就大众媒介与城市之间的互动关系展开过研究,分析媒介对城市形象、城市情感、区域身份、市民身份的影响。研究结果显示,大众媒介具备推广、帮助人们理解社区公共价值的功能。

第三类研究则分析传播技术的变革与城市建筑环境如何对城市居民的生活产生影响,把建筑环境与技术变革对人类生活的影响放在一起展开分析。

另外一些研究则从不同的视角切入:有研究者从传播网络切入分析社区问题,有学者试图分析传播网络与城市密度、邻里关系、社区发展、社区城市化之间的关系。另外一部分则将传播作为城市问题的变量。鲍尔罗基奇的研究以洛杉矶等都市为研究对象,分析传播与系列城市问题之间的关系。在《城市传播读者》一书中,18位学者阐述了面对城市中的问题,我们该如何建构研究议程和议题。

传统意义上的空间媒介研究以及后期的关于大众媒介嵌入社区如何影响社区整合的讨论与第三类研究较为接近。

空间媒介这一研究路径从社区与城市规划的角度,提出如若将社区或城市中的空间本身看作一种媒介，那么不同的空间布局、设计将如何对人们的社会互动、社区整合带来影响。空间媒介的研究思想，随着传播媒介的发展，更多地考虑当媒介技术嵌入城市之中，如何为这种实体化的交往提供便利。空间媒介更多关注的是作为媒介的空间如何使现代人的社会交往变得可能。在这一研究路径的视角下，改变现代人孤独的现状，主要依靠的是城市规划者的合理空间布局。因此，该研究路径的概念架构如图 1-1 所示。

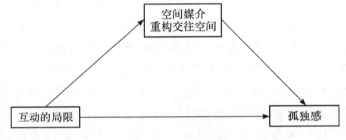

图 1-1　社会互动、空间媒介与孤独感概念架构

与之有所不同，另外一些学者考虑的是媒介表征的力量，即媒介所建构的"拟态环境"将如何重新建构现代人对社会关系的想象。

第三节　大众媒介建构的共同体如何重构我们对关系的想象

关系与认知不无关系，他人即我之地狱亦可我之天堂。我们与他人的关系受到认知的影响，而媒介建构则重建我们与他人想象的拟态环境，孤独或疏离是我们对关系认知的结果。因此，当面对着城市化或移民等问题的时候，有些学者就提出，如何通过媒介重构一个"想象的共同体"，将原子式的个体重新凝聚。

一、关系的认知与孤独感

斯莱特（Slater）的观点是，现代人之所以孤独，与现代人的价值理念是分不开的。受现代性影响之前的社会，人们的价值理念是团结性理念，人与人捆绑在一起。人是社会的动物，我们每个人都有获取社区归属感的需要，我们都需要依靠他人。我们希望信任他人，并与他人共同生活在一起。与此同时，为了实现这种需要，我们需要去约束自己的言行、思想。可是，人们的社区归属感的需要、对他人依靠的需要，在现代社会发生了变化。随着现代性对社会影响的加深,人们的价值理念从集体型向个体型转变,每个人都觉得仅仅依靠自己就可以过得很好,进而导致了我们的孤独感。"个人主义根植在一个理念中,即否认人类是互相依靠彼此的。在技术高度发达的美国,技术的重要作用是将我们从和他人依靠、依赖、联系、归属中释放了出来,可是,这种释放的另外一个方面是我们每个人都变得更加孤独。"[10]媒介以文化为中介对社会进行整合,是一个拥有较长学术史的研究议题。

　　受众对社区的归属感受到媒介建构的影响,并通过对媒介文本的消费,实现与社区的"共在感"。于是形成了两种研究路径。第一种路径是芝加哥学派面对美国不同的移民,提出使用报刊来统合移民的想象,通过媒介建构想象共同体,这个研究思路在舒德森处亦可发现。国内亦有学者就媒介如何建构"理想家园"进行过实证分析。第二种路径强调的是媒介的仪式化使用,有研究者分析了旅居国外的移民如何通过大众媒介的使用、消费来维系自己的国族身份,减少自己的孤独感。有学者就广播对建构国家团结的作用进行过研究。研究指出,广播对国家的民族归属感有着十分重要的作用;在收听广播的时候,这些人会感受到"我们"的共在感。下面就此两种研究路径加以介绍。

二、建构想象共同体的大众媒介

　　第一种研究路径有相当长的研究历史。媒介如何通过文化图景来整合社区,是一个源自芝加哥学派的议题。帕克面对美国移民涌入社区的现状,思考如何通过媒介提供给社区居民一幅美国式的文化图景,进而整合不同民族、文化、种族背景的移民。

　　这一研究路径的研究者其实对于社区与家园多从认知、建构的角度进行定义。社区位于家的同心圆之中。家处于一个认知中的圈层结构,以自己为中心,向外逐层扩展,其中包括家人、邻居、其他居民。从这个角度而言,家是一种认知,社区同样处于这个同心圆之中。家或地方并不是一个恒定不变的真理。地方是在特殊的地点,由一系列的社会关系以及这些社会关系的互动所产生的效果所建立起来的。从这个角度而言,地方是一个流动的存在。地方的形象与意义是在建构以及协商中出现的。关于地方意义的建构对于改变或阐述当下有着十分重要的作用。家本身是由社会以及话语框架建构的。家是社会建构的,在建构隐喻的基础上,家的本质是由观点、话语以及实践所建构起来的。家的本质其实是一种意识形态的产物,在人们的日常生活中,这种意识形态出现并被创造出来。在对家的话语建构中,情感(爱、私密、家庭感、愤怒、抑郁以及其他)起着十分重要的作用[11]。帕克将传播定义为"一个社会心理的过程,凭借这个过程,在某种意义和某种程度上,个人能够假设其他人的态度和观点;凭借这个过程,人们之间合理的和道德的秩序能够代替单纯心理的和本能的秩序"。

芝加哥学派的杜威(Dewey)将传播与社会紧紧勾连,指出社会通过传播整合而成。杜威的研究关注重点是在进行社区整合的过程中,报纸所起到的作用是什么[12]。陌生人之间的社会关系是特殊的,研究者在对移民社区进行研究后指出,随着城市的发展,社区中原来的直接关系、面对面的首属关系(primary relation)已经被间接关系或称次级关系(secondary relation)所取代,而这种次级关系将会导致个体在情感上的疏离。研究者希望能够发挥媒介的社会整合功能,为这些移民提供一个关于美国的文化图景来整合移民社区中不同文化、族裔的群体。

在这种研究思路的背后,其实是与目前主流的媒介与社区整合不同的传播界定,即传播的本质是一种意义的交流,通过这种意义的交流,我们得以认知这个社会。用杜威的话来说,社会不仅通过传递、传播而得以存在,而且还在传递、传播中存在着。作为意义的传播以及作为结构性要素的传播,两者都不可偏颇,也正由此,引出了以信息和通信技术(information communications technology,ICT)理论为基础的后续研究。这一路数的研究所关照的是媒介所传递的信息与意义是如何通过传播基础设施渗透到社区居民日常生活中去的。

媒介对社区的建构并不是孤立、静止的,媒介叙事渗透到个体的日常生活中。有研究以 ICT 理论为基础,从生态的角度认为地方中的各种媒介是社区成员获取社区身份的资源,同时社区成员获取地方媒介资源的渠道越多,那么他的社区归属感就越强,他们称这种地方媒介资源为地方叙事体系(neighborhood storytelling system)。通过该地方叙事体系,可以将社区中的个体从单纯的房屋所有者(house owner)变为社区成员(member)[13]。

由于这种地方叙事体系将渗入读者的日常生活中,因此该体系非常重要,并且报纸中的内容将与读者的日常生活发生共振效果(resonate effect)。经由报纸所建构的社区,将影响个体在日常生活中对于社区的认知。报纸并不只是社区间信息传递的工具,更具有实现发展传播所要求的要素[14]。

不同的社区通过地方媒介维系在一起,形成想象的共同体。有研究者指出,媒介具有提供社区新闻与信息、维系并共享文化、联系个体与社区服务、提升地方归属感与所有感的功能[15]。

因此,从日常生活的角度来看,个体之所以愿意走出家门成为社区的一员,与地方叙事体系相关,我们对于社区的认知受到这种地方叙事体系的影响。而同时由于媒介会对不同社区进行联系,这种认知的影响力又进一步扩大。媒介形塑着个体对社区的认知,而这种认知的影响力又与媒介基础设施这一变量相关,或许这就是目前为止媒介与社区整合的核心思路。也正是从这个意义上而言,如果将社区看作公共家园,而个体对家的认知受到媒介的影响,那么媒介建构的关于"公共家园"的想象势必会对社区整合有着重要的影响。

国内学者就帕克的思想进行过分析。20 世纪初,帕克深入芝加哥等美国大城市,对当时城市外来移民问题进行了大量的实证性研究,提出了种族关系周期理论、人类生态学理论、"社会距离"和"边缘人"理论。由此,帕克的研究开创了城市社会学之先河。对于外来移民同化问题他非常关心,通过研究他认为,外文报刊和族群社区对外来移民与主流社会融合起着促进作用[16]。

通过文本分析,有研究指出在家文化构建上国内的电视节目的重要性[17]。该研究以家文化作为切入点,选取吉林卫视的两档节目《英子逗逗逗》《回家》进行叙事学的研究。由于两个节目有着明显的差异性,它们在表现方式和表现手段上不尽相同:《英子逗逗逗》是在本土滋养下,发挥东北地域文化中通俗文化特色的本土节目,代表着大众文化;《回家》是一个全国范围内的精品节目,它被主流认可代表着一种精英文化,表现的是在离家之后,人们精神家园的回归,它所展现的是象征意义层面上的家文化,超越了地域意义。

在每一位中华儿女的心中,"家"都有着不可替代的重要地位。20 世纪90 年代后,随着我国城市现代化的推进,城市数量不断增多,规模逐步扩大,人口快速增加,文化急剧转型,城市生活正在发生着翻天覆地的巨变。城市生存环境的改变带动了城市家庭空间的变革。城市家庭人口数量减少,结构多元化,时间可视化,空间多维化,家庭日常生活消费化、复杂化,城市家园正以全新的风貌面对世人。不少学者从电视剧的角度进行过文本分析[18]。

其实,与媒介建构这个思路一体两面的是对媒介文本的解读与阐释,以及在此过程中所形塑的自我身份。

三、大众媒介消费与身份维系

第二种研究路径则从媒介消费的角度去分析现代人如何通过媒介的消

费维持自己的国家、民族身份。

　　家在现今这个时代中，在符号层面与物理层面同时存在。在流动的时代中，存在着双重循环：一方面是符号的循环，大众媒介（诸如电视、广播、视频、杂志等等）所负载的符号散布、循环于受众群体之中；另一方面是人的循环，人口的流动使他们循环于各种符号环境之中。人口的流动与传播因素推动了时代的流动性（去地域性），因此家的概念已经与过去有了很大的区别。这里的"家"一方面是物理意义上的，另一方面则是符号学层面的（是一种身份以及能够提供归属的空间）[19]。

　　那么人们如何在这样的时代背景下维系自我的社群身份呢？有学者试图将流动的信息与流动的人口这两个现象整合起来进行分析[20]，认为社群身份在媒介景观以及与移民相伴的地理景观之间存在着差异。有学者则将研究的视角进行调整，他们认为，尽管移民现象的确存在，但是移民会选择通过媒介的使用重新实现再次的地域化（即与自己的移民群体归入同一个社区之中）。戴维·莫利重新概念化受众的方式可以用在本书受众解读部分，即他们是处在自己对于家的理解的基础上，来解读媒介报道中"理想家园"这个符号的。在先前的受众研究中，研究的关注重点往往是受众如何对文本进行解读[21]，戴维·莫利指出，这样的受众概念需要进行重新概念化[22]。

　　也有国内学者从媒介使用与归属感确立的角度进行过分析。随着我国城市化进程的加速，"新移民"逐渐成为城市社会中非常重要的人口群体。本书以经验方法研究城市新移民的传播形态及其对该群体社区归属感认知的影响。根据460位武汉市城区受访者的调查数据，城市新移民群体并非一个整体，白领移民和本地居民的社区归属感显著高于底层移民，白领移民居于另两者之间。在传播形态层面，白领移民和本地居民高度相似，而底层移民和这两个群体存在着显著差异。研究认为，对所移居城市媒体上相关内容更为关注、所处传播行为环境更好的移民拥有更高的社区归属感[23]。

　　其实，无论是媒介建构对个体所产生的影响，还是受众通过媒介解读形成自身的身份，其背后所蕴含的皆是一种视域转换的观念。对个体而言，家园的归属感将对自我身份认同产生影响。家是一种同心圆的结构，该结构呈现了我们每个人的生存经历，其中包括房子、家庭、村庄、社会环境、职业环境、国家等等。以家为中心点而出发的同心圆对我们而言都是不可缺少的一部分，对我们个人身份的形成同样十分重要，对家的无论哪个层次的剥夺，都意味着剥夺了个体的身份与人性[24]。我们每个人都和同心圆中的不同角色产生关系,正是这种关系,造就了每一个人[25]。因此,家就是"和他人在一起",与他人的共同存在造就了每个人。唯有我们归属于不同层次的家园,我们才可以清晰明确自我的身份,而这种个体的经验与社会、话语因素密切相关[26]。因此,该研究路径的概念架构如图1-2所示。

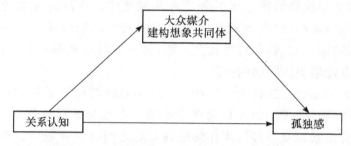

图 1-2 关系认知、大众媒介与孤独感概念架构

媒介技术的发展以及人们媒介使用行为的变化,使得媒介表征的力量较之以往发生了变化。一方面,在现代社会,表征的建构不仅仅依靠大众媒介来完成;另一方面,虽然表征的力量依旧存在,但是对于现代人而言,对他们的社会关系产生重要影响的是新媒体的诞生与发展。

第四节　新媒体:群体性孤独还是超越孤独

关系不单发生于实体的空间中,亦不单由媒介所建构,媒介技术的发展提供了现代人交往的新型空间。在这一研究路径下,研究者往往将孤独感界定为一种与浅层人格特质相关的认知。帕劳(Peplau)团队的学者认为,孤独感是认知层面的因素导致的。认知作为一个中介变量,中介着个体在社会交往能力上的缺陷以及体验到的孤独感。基于归因理论,帕劳分析了认知的重要性,例如人们如何对他们的孤独感进行归因将影响到他们感受到的孤独感的强度与程度,以及孤独感的延续时间[27]。而传播学之所以会与新媒体发生联系,是由于那些存在特质性孤独的人,从认知上而言,往往对线下交往中的社会线索感到紧张,而新媒体带来了一个不同于线下交往的新型空间,在这个空间中,很多在面对面交流中所存在的社会线索被过滤。因此,新媒体成为那些有特质性孤独的人的新型交往空间,而研究的一个核心议题也是这样的新型交往空间能否给那些存在特质性孤独的人带来益处。

新媒体的使用与孤独感之间的关系，在该路数的研究中有如下几种不同的思路：第一种思路基于使用与满足范式，探讨孤独感作为一种特质如何影响媒介使用，并分析媒介使用的结果；第二种思路基于情绪管理理论，将孤独感作为一种情绪，分析这种情绪如何对媒介使用产生影响；第三种思路基于关系替代与补偿范式（亦称为穷者变富或富者更富），分析媒介的使用是否能使那些感到孤独、抑郁的人获得更多的社会关系。

需要注意的是，这种人经由机器展开互动的观点，早在 1956 年就有心理学家指出，大众在观看大众媒介所呈现的信息时，会与媒介中的角色产生面对面互动的幻觉[28]。20 世纪 90 年代后期，有学者提出两个新的概念——准社会互动和中介化群体性接触，用于描述这个现象。延伸接触假说（vicarious contact）认为，当群体内成员认识到本群体与群体外的成员有良好关系时，会对群体间态度产生正向的影响。在延伸接触假说的预设中，当我们意识或观察到本群体内的成员对群体外成员持友善态度时，就足够让我们改变自己对群体外成员的态度。而那些存在孤独感的人，在新媒体语境下，与孤独感研究有联系的首先是媒介采用（media adoption）这一范式。在这一范式下，使用与满足理论、情绪管理理论与孤独感的研究有着密切的联系。

一、使用与满足理论

有学者指出，由于人际交往，孤独感会对 CMC 使用产生影响[29]。孤独感会导致在面对面传播关系中，人际交往的需要得不到满足。孤独感作为一种个人性格，对网络关系研究十分重要。而这一路数的研究均将孤独感看作是影响媒介使用行为的浅层人格特质加以研究。

（一）理论介绍

使用与满足理论以受众为核心来分析受众特定的媒介使用行为与习惯。该理论指出，背景性的特征（例如孤独感）将会影响传播的动机，传播动机则会对人们如何使用 CMC 进行关系传播产生影响。从根本上来说，人们交流是为了满足源自自身社会、心理特征的需要。这些需要产生了不同的交流动机，并进而影响着媒介的选择、使用策略和使用行为[30]。研究者对新媒体技术使用动机的研究常将个体与媒介动机整合在一起进行分析。有研究者指出，人们使用互联网往往出于五种动机：人际交往工具、消磨时间、信息搜索、方便及娱乐。

该理论可以和三个与满足感相关，但在时间上有先后顺序的概念联系在一起，即满足感寻求（gratification sought，GS）、满足感预期（gratification expected，GE）与满足感获得（gratification obtained，GO）。该理论的核心思想是社会、心理环境导致个体需求的产生，该需求将推动个体通过特定的媒介使用让需求得到满足（GS）；满足的寻求又受到经验影响；基于过往的媒介使用经验，个体会预期通过特定媒介的使用可以让自己的需求得到满足（GE），并由此促使特定的媒介使用行为或其他活动的发生；经由媒介使用，将对个体的满足感产生影响（GO），并会带来预料不到的结果[30]。可见，媒介的使用与满足过程在社会环境、媒介使用与个体心理的互动中展开。

使用与满足理论是传播研究的重要分支。该理论在大众传媒的研究中得到广泛使用，这一理论框架拯救了"看来行将就木的传播研究"[31]，在该理论背后是一个与说服视角完全不同的看法，即重要的并不是"媒介对人们做了什么"，而是"人们用媒介做了什么"。随着新媒体、媒介中介化传播、即时通信软件与社交媒体的出现，个体在媒介使用过程中起到越来越重要的作用，以此媒介环境为背景，有越来越多的研究者使用该理论框架来分析个人的新媒体使用行为。该理论背后的逻辑是，人们有意识地选择媒介，并经由媒介的使用来满足自己的需求，同时他们能够清楚地意识到自己这样选择的原因是什么。媒介的使用与满足是一个循环的过程，个体在使用媒介后会进行评价，以此来决定是否在以后继续使用该媒介来满足自己的需求，并在不断的循环中固化自己的媒介使用行为。在 CMC、IM 与社交媒体的研究中，已经存在关于媒介用户的动机与需求的大量研究，但这些研究往往以特定的媒介形式而非具体的媒介使用行为作为研究对象。在网络传播相关的研究中，目前有一部分研究针对特定的媒介使用行为和动机。例如，有学者专门就网络报纸阅读这一行为进行研究[32]，显然，将研究的重心从媒介形式转移到具体的媒介使用行为上，能够让我们更容易对特定的社会现象进行更为深入的认知与理解。

那么，在这一研究路径下，是如何对孤独感进行概念化的呢？

（二）使用与满足范式下孤独感的概念化

新媒体研究中，孤独感被概念化为一种人格特质。具体而言人有三种最基本的需求：归属感、控制感以及被爱。这三种需求使得人们有发展人际关系的倾向。归属感指的是需要被他人关注、包容以及知晓；控制感指的是对权力、影响力，以及控制自己和他人的将来或被他人所控制的需要；被爱指的是有亲密的伴侣关系，在该关系中，个体会获得爱与被爱的感觉。人际交往的需要导致目标导向的行为[33]。人际交往的需要影响着人际沟通,并通过和他人一起建立的满意关系而获得满足。为了满足人际交往的需要,每个人都会与他人进行互动并缔结关系。然而,当人际交往的需要无法通过面对面的沟通满足时,个体将会使用其他的沟通渠道来满足自己的需要。

可是,有特质性孤独的个体往往与诸多阻碍人际交往的特征粘连(bounding)在一起。孤独感会导致在面对面传播关系中,人际交往的需要得不到满足。孤独感作为一种个人性格,对网络关系研究而言十分重要。孤独感指的是"当个人的社会关系网络在某些重要方面存在缺陷时所出现的让人不愉快的感觉"。个体的社会性格影响着媒介的使用,并对关系传播造成影响。[34]孤独的个体对面对面的交流往往并不看重,他们往往害羞、内向,并拒绝人际交流。[35]

最近有研究指出,孤独感与网络互动偏好之间存在关系。孤独的人较之于面对面的互动,更倾向于网络社会互动,他们认为网络互动的威胁更少,且能带给他们比面对面的互动更多的东西。因此,研究者通过将孤独感概念化为一种人格特质,与使用和满足范式的研究整合在了一起。

基于这样一种概念化的方式,将孤独感纳入此范式的研究着重分析这样的人格特质将引发怎样的媒介使用动机与媒介使用行为。

(三)孤独感与媒介使用的相关研究

在新媒体研究中,有大量研究将人格作为自变量,分析可能的媒介使用后果。在与社交媒体相关的研究中,外向、自恋往往是研究者主要关注的人格变量,这两个变量往往与社交媒体(例如脸书)的使用有强相关性。相比内向的人,外向的人往往会选择自我呈现的行为,例如时时更新自己的状态,上传照片。自恋不仅与脸书的使用频率相关,也与展示性的媒介使用形式相关[36]。自尊感同样也是解释社交媒体使用的重要变量。自尊感强的人往往会更为活跃,频繁地使用脸书软件;那些活跃的用户,无论是高自尊还是低自尊,都能从社交媒体使用过程中获得益处。

同样,在该研究范式下,研究者将孤独感概念化为一种浅层人格特质。个体与他人的交流方式受到性格的影响。人际传播学者将人格看作影响人际交流的因素。有研究指出,孤独与抑郁的个体往往倾向于网络互动,而这种互动往往程度较强,因此会对他们的生活产生负面影响[37],而害羞的人在网络上与他人交流时会变得更加大胆。孤独感与人际交流过程中所进行的自我表露负相关,同时孤独感与肢体语言敏感性正相关。中介传播与面对面交流的形态有所不同，因此有大量的研究者就不同传播技术背景下个体如何使用媒介展开研究。

孤独感与该理论范式有着联系，而且是西方传播学与孤独感研究的主要研究范式之一。

二、情绪管理理论

将孤独概念化成情绪的是情绪管理理论（mood management theory）。根据经典的情绪管理假设，个体将使用媒介来维持正面情绪，或调整负面情绪。个体的媒介使用受到愉悦需要的驱动，倾向于选择能够提升当前情绪的媒介，而回避对当前情绪产生负面影响的媒介。有学者指出，孤独的情绪可能会影响媒介的选择[38]。

（一）情绪管理理论介绍

情绪管理理论于 1980 年提出。情绪管理理论指出，个体能够对周围的刺激物种进行挑选，以最小化自己的负面情绪，或最大化满足感。当该理论运用于媒介选择时，个体能够选择自己接触的媒介，进而以自己希望的方式对情绪进行调整，基于此他们形成了某种固有的媒介使用习惯，并使自己的媒介使用行为变得持久[39]。

媒介刺激物在研究中多被界定为内容，并基于此展开一系列的研究。情绪管理的过程在不同的媒介（电视、音乐以及网络）上进行过测试，研究发现，不同的媒介内容将对媒介用户的情绪产生不同的影响。有研究者根据四个维度对媒介内容进行划分，即：①激发媒介用户兴奋度的可能性；②吸收媒介用户注意力的可能性；③内容亲和力；④愉悦效价（hedonic valence）[39]。

有研究者指出，除媒介内容会影响效价外，媒介形式同样会影响该维度。媒介形式包括三个方面：第一个是真实感，这种真实感指的是感觉其他人同样参与到沟通互动中；第二个是媒介所能提供的互动程度；第三个是信息传递者与接收方之间的同步性（即双方共享同一个活动以及在同一时间专注于同一任务的程度）。组间比较结果显示，分值越高的媒介形式，对情绪管理产生的影响越明显。

那么，在情绪管理理论这一研究路径下，是如何对孤独感进行概念化的呢？

（二）情绪管理理论范式下孤独感的概念化

该研究范式从情绪层面对孤独感进行概念化。情绪层面的孤独感指的是日常生活中阶段性的情绪，当有人和其进行交流时，这种短暂的孤独感就会消失[40]。

基于这一研究路径，研究者主要将孤独感看作一种受到媒介使用影响的情绪，因此，在研究中往往会采用实验的方法。

虽然经典的情绪管理假设认为个体倾向于选择能够提升当前情绪的媒介，而回避对当前情绪产生负面影响的媒介，但是，有部分研究指出，媒介选择并不完全受到愉悦需求的驱动，情绪好的人并不一定选择能让其愉悦的媒介[41]，而处于负面情绪的人可能会选择产生负面情绪的媒介。因此，该理论本身尚存在需要进一步探讨的地方。有研究者发现，处于紧张情绪中的个体可能会选择看恐怖片，而处于忧伤情绪中的个体则可能选择看悲剧。

与孤独感相关的研究包括不同类型的媒介使用对孤独情绪造成的影响。研究指出，在网络交流后，个体的孤独情绪有所增加；与面对面的交流相比，网络交流之后的孤独情绪增加幅度更大；对孤独特质高的个体而言，计算机中介化传播将带来比面对面传播更强的孤独感[42]。同时，对于高特质孤独的个体而言，他们在使用媒介的过程中或许缺少调整情绪的动机，或者存在其他使用媒介的动机。有研究指出，有慢性孤独感的个体往往与一系列稳定的人格特质联系，例如内向、害羞、自尊感低等。因此，慢性孤独也被称为特征性孤独。慢性孤独的个体往往倾向于孤立的行为，例如睡觉或看电视，往往用消极的方式来应对孤独感。

三、补偿—提升假设：穷者变富或富者更富假设

(一)补偿—提升假设

关于网络的媒介补偿、提升假设所展开的研究有很多，这些研究往往支持两个悖论性假设中的一种。此类研究支持的第一种假设是社会补偿假设（穷者变富）：孤独、线下朋友少、内向、害羞的人，可以通过网络交流扩展朋友圈，从而得到补偿。第二种假设是社会提升（富者更富）假设：原先孤独程度低、线下朋友多、外向、害羞度低的人，可以通过网络交流进一步加强朋友圈，而那些孤独、内向、害羞的人则将继续保持原状。这两个假设都预设了网络技术的匿名性、广泛联系性将带来新的互动特质，例如身份实验、更多的自我表露等，而不同的人由于个性、特质的不同会有不同的使用结果。

那么，在这一研究路径下，是如何对孤独感进行概念化的呢？

(二)对于孤独感的概念化

同样，补偿—提升假设也往往从人格特征的角度对孤独感进行概念化：

研究显示,孤独的人往往与较差的社会交往能力以及特定的人格(害羞、低自尊)联系在一起[43]。有研究发现,和孤独感弱的人相比,孤独感强的人的人际交往能力较低。在社交能力上,孤独的人往往很少在人际交往中表露自己,进而很少有机会让别人认识自己。在类似的研究中,孤独的人很少参与到聊天的场合之中。在交流的过程中,孤独的人很少关注他人,很少对他人做出回应,更多地将注意力放在自己身上。就社会感知而言,和亲近的人相比,孤独的人往往会给陌生人更高的评价[44]。同时,孤独的人认为别人对自己的正面评价较少,事实上别人往往在人际交流层面给孤独的人一些负面评价,例如并不那么友善、并不那么亲和、并不那么吸引人等。这多少有种共振效果的存在,即孤独的人社交能力不强,反过来别人也往往不会待之以热情。而这将形成一种负面的循环怪圈,从而使孤独的人越来越孤独。也就是说,孤独的人往往有不恰当的交流方式,而这种不恰当的交流方式会使其很难与他人展开愉快的对话,也就很难与他人建立令自己满意的关系。

大量研究指出社会交往技巧的缺失将导致孤独感。通过历时性研究发现,社交缺陷往往发生在孤独之前[45]。有大量的历时性研究佐证了这个机制,例如社会习惯存在缺陷的孩子,往往会在将来存在孤独的现象。甚至,在大学生群体中,存在社会交流缺陷的人更有可能陷入孤独。

孤独的人往往更羞于在交往中表达自我。孤独感与负面的社会交往(冲突、疏远、不信任)有显著正相关性;同时,与正面社会交往(安抚、亲密、谅解)有显著负相关性。孤独的人和大量幸福指标存在负相关性,这些指标包括乐观、社会技巧、社会支持、正面情绪、情绪稳定以及社交能力等[46]。反之,有更好社会技巧的人,则往往能更好地运用社会技巧来获得一个更大的社会网络,并且他们往往有更强的能力去获得自己想要的社会资源,例如社会支持。更好的社会技巧之所以重要,是因为这能够使得人们在遇到孤独、抑郁情绪的时候更及时地找到好友来帮助他们。相反,孤独的人往往伴随着有缺陷的社会交往能力,因此他们的社会网络比那些孤独感低的人小得多。

补偿—提升假设的核心关照其实是存在例如孤独、抑郁这些浅层人格特质的人,在使用媒介后,诸如社会关系、人际交往意愿等结果是否会有所提升。

(三)补偿—提升假设以及与之相关的研究

在面对面传播中,孤独的人的社会交往能力存在缺陷,并由此在建立友谊、与人交流时存在困难。但该结论在社交媒体语境下或许会不那么适用，因为社交媒体有着与面对面交流不同的交往情境。

因此，CMC 在该研究路径中被看作可能会提升抑或减少存在孤独感的人的社会关系的中介性交流手段。计算机使得新型交往工具的出现成为可能，越来越多的学者将研究的重心向计算机中介传播转移。

部分研究关注的是性格对个体使用中介化传播的感知、处理与结果的影响。中介化传播对个体的影响并未出现统一的结论。有研究指出，互联网的使用会降低幸福感，并产生孤独感。在此之后，大量研究就传播技术的使用与社会心理变量的关系展开研究。而这些研究往往并未出现统一的结论。在一项研究中，研究者发现，对外向的人而言，网络的使用会提升他们的社区参与度，降低孤独感，但是，对内向的人而言，结果却刚好相反。因此，研究者称这个现象为"富者更富"，即原先有良好社会关系的人，会从网络中获益更多[47]。与之类似的研究进一步指出，有高社交力的人格特质会在社交媒体使用中得到更多益处。

不过，在硬币的另外一面，传播技术可以提供给那些社交能力相对较弱的人一个更舒适的交往平台，这被称为社会补偿模型。该模型的大意是，社会资源少的人会从互联网的使用中获得更多，这也被称为"穷者变富"模型[48]。富者更富与穷者变富两个模型，看似是一种悖论，但是有大量的研究支持了该观点。

社会焦虑感或孤独感高的人倾向于通过网络建立人际关系，并对其进行管理。这与中介化传播的特点相关，这些特点包括匿名性、物理空间存在距离以及异步性。举例而言，那些孤独的人，相比面对面交流，在文本中介传播过程中会不那么焦虑。害羞的人在中介化传播中的害羞感也会减少。孤独感与特定的媒介使用形式联系在一起，例如网络身份实验，该类行为将提升使用者的自我信心。

在和社交媒体相关的研究中，孤独感并不是主要的关注变量，但是，孤独感对社交媒体使用的影响可以从其他的人格变量中加以推论，例如内向、害羞与焦虑等。社交媒体的使用者往往比不使用者更加外向、自恋，且孤独感更弱。在使用者中，外向的人往往倾向于更为积极的媒介使用行为，例如更新状态、发布照片，而内向的人则更加倾向于卷入相对被动的媒介使用行为中，例如参与到讨论小组、玩游戏等[49]。

在人际交流语境中感到焦虑与害怕的人往往会用脸书网来打发时间或缓解孤独的情绪。不喜欢面对面交流的人的脸书朋友更少，和陌生人发展成为朋友关系的可能性更低。这些研究结果显示，社交媒体的环境本身与其他形式的中介化传播是不同的。

互联网传播往往以匿名交互为特征，而社交媒体的特点则是，线上与线下的朋友圈往往是相同的，因此，简单地说，害羞的人很少有可能在线上表现得大胆[50]。

总体而言，虽然有部分研究涉及了机制分析，但此类研究多以主效应分析为主，缺失了对孤独感与网络互动使用之间机制的进一步分析；社会补偿假设和社会提升假设对网络交流的可能性结果提供了有价值的解释。但是这两个假设都未对特定个体如何以及为何得到补偿或提升进行进一步的解释。个体的社会心理或人格变量并不会直接对最终的效果产生影响。

大多数的研究做的是主效应分析，一部分研究支持富者更富假设，一部分研究支持穷者变富假设。有社会焦虑的人是否会将社交媒介作为补偿式媒介加以使用？研究结果显示，高社会焦虑感的人较之低社会焦虑感的人，较之于线下交流，感到在线上交流的时候更加舒服，表露更多[51]。

有部分研究就机制进行分析。大致而言，机制类的研究可以进一步划分为效果类的研究和选择类的研究。所谓效果类的研究是以媒介使用为出发点，以最终的个体心理（孤独、焦虑）为落脚点；所谓选择类的研究是以个体心理（孤独、害羞、焦虑）等为出发点，以媒介使用与使用效果为落脚点。有效果类的研究者就游戏与使用效果进行分析，发现玩游戏和孤独感、社会竞争力之间无直接关系。但是，发现了经由和游戏玩家交流所产生的间接关系，即游戏伙伴的种类越多，越会降低孤独感，提升社会竞争力[52]。

选择类的研究如下：有研究通过路径分析发现，外向程度以脸书网上的使用月份数量以及每周使用时间为中介变量，对脸书网的朋友数产生影响，这支持了社会提升假设。有研究就网络聊天对情绪调整进行分析，发现外向程度低的个体，仅仅同网上交流的同辈进行交谈，这与自尊水平有正相关性。同时，在中介变量（支持水平）提高的情况下，抑郁程度会有所下降。有研究就个体如何基于博客空间和以前的朋友以及新朋友进行社会互动进行分析，除就社会焦虑和网络友谊进行直接的相关分析外，还将动机以及自我表露放到社会焦虑和网络友谊之间做路径分析，以分析动机与自我表露的中介效果。结果显示，和低社会焦虑的个体相比，高社会焦虑的个体较少通过博客结交新朋友或与原有的少量朋友联系，而且与原有的朋友的关系质量不高，但是通过博客可以和新认识的朋友发展出高质量的社会关系。就中介效果而言，博客使用者的焦虑程度越高，驱使他们通过博客结交新朋友的动机就越大,他们在博客上透露出更多的私人信息的可能性也更大。

因此,该研究路径的概念架构如图 1-3 所示。

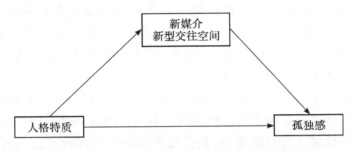

图 1-3　人格特质、新媒介与孤独感概念架构

媒介即人的延伸,但同时我们是社会的动物,而且我们依赖于不止一种媒介。在这一系列针对新媒介与社会关系和孤独感的研究中,存在如下两个盲点:第一个盲点是,我们每个人在使用媒介时,都不是脱离自己的社会背景的,我们的媒介使用行为总不自觉地受到自己所处的社会地位、社会网络的影响;第二个盲点是,不管是谁,都不可能仅依靠脸书、QQ 或微信展开交往,相反,对现代人而言,我们往往基于一个由面识、移动、互联、即时通信、社交媒介等多种传播渠道所建立的传播网络与他人展开联系。

第五节　移动、社交、互联网络:维系单身社会中孤独的个体

媒介即关系,传播即共处。无论是空间媒介、大众媒介、新媒体抑或是本研究所关注的自我传播网络,这些研究路径所思考的核心问题都是媒介作为一种中介,将如何对现代人的孤独感和人与人之间疏离的现状产生影响。例如,空间媒介的核心关注是如何通过城市空间的重新布局,再度让人与人的互动成为可能;大众媒介的核心关注是如何通过报刊、电视等大众媒介,建构能够凝聚移民、大众的"想象共同体";新媒体的核心关注则是新媒体的出现对那些存在孤独感的人而言,会有什么样的影响,新媒体作为一种新型的交往空间,能否提升人们的社会互动与交往。在现今移动互联技术迅速发展的当下,威尔曼(Wellman)提出了两个关键词:社会网络与移动互联网络。本研究正是以此为背景所展开的:自我传播网络开创了多维度的社会交往空间,它将如何延伸我们的社会关系并影响我们的孤独感。威尔

曼将齐美尔称为社会网络研究的鼻祖,齐美尔在其随笔集《桥与门》中,就展开过类似的思考。当时,齐美尔所看到的仅仅是人们用书信取代了直接的面对面交流,但是他敏锐地指出,随着这种间接化交流方式的出现,人类的社会心理、情感必然发生变化。齐美尔指出,现代社会的几个关键词是:大都市、流动性、人际关系的变革、孤独感、间接传播。他还提出需要关注间接化传播对个体的心理可能产生的影响。

中国从乡土社会转向现代社会后,我们从原先的社会关系中剥离出来,这是现代人感到孤独的重要社会成因。但与此同时,伴随着空间的流动,中介化交流的现象变得越发普遍,我们每个人都在用各种可以用到的媒介与他人发生勾连,以此对抗着内心深处的孤独感。我们都浸入在这种社会生活之中,笔者试着跳出来,对这种"浸入感"进行一个学术考察。笔者想考察的问题很简单:以自我为中心建构的传播网络能否减少现代人的孤独感?具体而言,本书试从社会网络与传播网络入手,分析两者对现代人孤独感的影响。

本书第二章到第六章将根据现有网络化个人主义研究中所存在的理论沟(theory gap),提出如下研究问题并试着进行解答。

(1)社会网络中,不同类型的社会关系将如何影响不同类型的孤独感?

(2)由自我传播网络所中介的社会网络,将如何影响不同类型的孤独感?

(3)如果将传播网络看作现代人关系的载体,我们习惯于如何选择媒介来承载自己不同类型的社会关系?

(4)社会网络之所以能减少我们的孤独感,其背后的机制是否因为自我传播网络起到了中介两者关系的作用?

(5)能否根据每个人传播网络使用程度的不同加以分类,这些不同类别的人在孤独感上有何差异?

本研究的概念架构如图 1-4 所示。

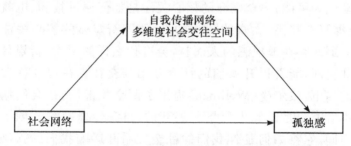

图 1-4 社会网络、自我传播网络与孤独感概念架构

第二章　研究背景、架构与方法

第一节　研究背景与意义

一、研究背景

作为一个传播学者如何才能提出一个好的问题？有学者指出，一个好的问题应该直面社会需求，对社会中值得关注的传播现象进行独立的分析与反思[53]。可是，传播现象如此之多，为什么一个研究者会关注到某个现象呢？在笔者看来，或许是由于研究者长期"浸入"生活世界，对某类现象有了一种无法言说但同时又让自己无法割舍的感觉，跳到感觉之外，再观察这种"浸入"状态时，研究者的研究问题也就出来了，研究所做的事情就是用语言将无法言说的感觉显现出来[54]。由于我们每个人并不可能对所有社会现象都有深刻而独特的体验，所以每个研究者只能揭示"社会宇宙"的某个局部。而笔者在这个研究中所要剖析的部分包含三个关键词：社会网络、自我传播网络、孤独感。基于这三个关键词，本研究将考察第一章末尾提出的五个问题。

社会是在传播中发生的。在网络化个人主义时代，社会网络在自我传播网络中存在，我们每个人的社会世界于其中发生。社会关系为每个人提供了各类社会资源，其中包括情感慰藉与社会支持，所以当我们有理想的社会关系，并与他人保持良好的交流时，我们很少会感到孤独。反之，当我们感到自己的社会关系现状与理想的关系存在差距时，孤独感就出现了。

卡乔波通过对人类进化史进行研究后得出结论，在进化过程中，人们逐渐发现群居对于自己能否生存有着至关重要的作用，所以在进化过程中，人们都害怕被疏离或孤立，而孤独感则在被孤立的时候出现，用于警示个体，你被孤立了，你需要社会联系。因此，孤独感这一议题自人类成为群居动物之后便出现了，也正因此，作为一种每个人都会遇到的生命与生活体验，不同的学科对此展开了不同的研究。

而自现代性以后，由于人类传统意义上的以熟人社区为单位的群居生活模式发生了变化，社会学意义上的孤独感逐渐显现。城市化将人们抛入一个陌生人社区中，那些真正对我们重要的社会关系有时离我们甚远，唯有通过媒介我们才可以再度与他们勾连在一起。这就是齐美尔在面对大都市的时候，发现的城市化给我们带来的两股力量：空间的流动与中介化交流的出现。从这个意义上说，杜威的那句"社会不是依靠传播联系在一起，社会根本是在传播中发生的"，在现代人听来，比任何过往时代的人都有更为深刻的体验：媒介嵌入我们的生活之中，我们的所有社会关系依托不同媒介得以维系，我们唯有通过一切可以使用的媒介渠道，才能在我们需要帮助的时候，获得所需的社会资源。摇滚歌手张楚曾唱道，"这是一个恋爱的季节，空气里都是情侣的味道，孤独的人是可耻的"。张楚歌词中所唱的孤独其实就是社会学意义上的孤独，是一种由于自己的社会关系难以让自己满意时而出现的负面体验。但在现实生活中，笔者所观察到的现象却是，即便是爱人，似乎也无法时刻依偎在一起，这种面识交流的模式，往往与诸如微信、电话等交流工具一起，维持着我们与爱人、亲人、好友的关系。说白了，这就是所谓的网络化个人主义。在这样的时代背景下，我们对于媒介的研究视角以及所带的预设或许都需做出调整。

每次技术的进步总会给人们带来恐惧与焦虑：互联网出现了，人们害怕孩子会沉溺其中；微信出现了，人们害怕它会让朋友不再见面。这些观点的背后，大多只是媒介决定论推演的产物罢了。媒介即信息，这句话在网络化个人主义的研究中，被媒介可供性这个概念所取代，用于指出真正重要的是人如何使用某种媒介来维持自己的社会关系。因此，问题的关键不是媒介即信息，而是是谁在解读这个信息。本研究将针对网络化个人主义时代的媒介使用与影响展开理论建构与实证。

基于与网络化个人主义相关的理论，并通过整合源于心理学的生态系统理论，本研究就社会网络、自我传播网络与多维度孤独感之间的内在机制进行了分析。同时,针对自我传播网络,本研究对在中国语境下传播网络中的社会关系构成、传播网络中的社会关系对不同维度孤独感的影响,以及人们通过传播网络维系社会网络的方式进行了分析。本研究用面识网络(面对面交往)、移动网络(手机短信与电话)、互联网络(Skype 等视频通信与电子邮件)、即时通信网络(以点对点为主的即时通信手段如微信、QQ)、社交媒介网络(以展示自我为主的社交媒介平台如 QQ 空间、开心网)来代表现代人的自我传播网络。

二、研究意义

本研究的意义即价值包括学术与应用两个层面。

(一)学术价值

研究人们基于自我传播网络所展开的社会生活对了解和把握网络化个人主义这一全新的社会现象而言,显得尤为重要和关键。

首先,研究网络化个人主义,有助于厘清自我传播网络的意义。在网络化个人主义时代,社会在传播中发生,自我传播网络对人们起着重要作用。

其次,研究网络化个人主义之所以必要,是因为基于自我传播网络所建构的社会网络蕴含着虚拟社会生活的基本关系和基本结构。基于不同类型 ICT 所引发的人际互动,构成了基本的网络社会关系,正逐渐成为社会行为的基础。

再次,网络化个人主义之所以值得我们关注,还因为在今天,自我传播网络几乎已经成为所有人的越来越重要的行为场域与生活空间。一方面,人们通过 ICT 进行社会结网,实现社会资本的流动;另一方面,人们通过 ICT 实现自我表露、身份实验,ICT 成为舒缓现代人情绪的空间。

最后,研究网络化个人主义,有助于为媒介素养研究奠定理论基础。通过对该议题的关注,剖析自我传播网络在社会生活中产生作用的复杂机制,将找到对网络化个体幸福感产生影响的自变量、中介变量与调节变量,为媒介素养理论的提出奠定基础。

(二)应用价值

网络化个人主义正在中国崛起。中国的城市化进程导致了传统社区的消逝[55],伴随传统社区的交往模式也发生了变化。就社区而言,中国的社区模式从传统的封闭性社区转向以个体为中心的社区[56]。许多研究者认为网络化个人主义将导致广泛的社会、文化、经济和政治变化。由于我国目前正处于城市化转型时期,因此针对网络化个人主义这一现象展开研究更是具有特殊的意义。

　　首先,在国家层面,可以对城市化所带来的相关问题给出一定的解决思路。城市化重构了中国的社会关系格局,影响着现代人的社会生活。面对城市化,伯曼指出,社会关系对现代人日常所体验到的孤独感有着重要影响,但现代社会同样面临着一些窘境:亲密关系或熟人关系减少、社会流动性增加以及家庭流动性增加[57]。从网络化个人主义这一议题入手,分析社会网络、自我传播网络与孤独感之间的理论联系,可以从传播学的角度,就上述问题给出可能的解决方案。

　　其次,在个体层面,可以为个体如何在网络化个人主义时代更好地生存提供建议。克里南伯格在《单身社会》一书中,预测未来社会可能会走向独居与单身的生活模式,而ICT将成为未来单身居民重构社会网络的重要工具,通过合理使用这些媒介,可以使紧急联系、微型合作、情感支持成为可能[58]。从网络化个人主义这一议题入手,可以帮助个体重新认识这一全新的社会环境,并为他们提供相应的应对策略。

第二节　网络化个人主义、社会联系与孤独感研究现状

　　在网络化个人主义的研究路径中,社会网络、自我传播网络、孤独感之间的关系可能是:不同的传播媒介被用于维系个体的社会网络,社会网络提供了个体减少孤独感的社会资源,但唯有通过不同传播媒介所建立起来的传播网络,才能给个体带来减少孤独感的社会支持与社会资源。

一、网络化个人主义、社会联系与孤独感的主要理论取向

　　作为群体的动物,人越是面对庞大的人群,越容易感到孤立与寂寞,这大概是卢梭当年念念不忘日内瓦小城的情结所在吧。当人们言及"家"这个概念的时候,总会勾起各种各样的体验与记忆。在现代欧洲的想象中,家有各种不同的意涵:家可以是社会的或是个体的,可以是物理意义上的也可以是社会关系方面的,可以是我们出生且赋予我们身份的地方,可以是我们的归宿也可以是我们的来源之地……物理属性上的家是精神家园的基础,而我们的精神家园却不见得必然在物理家园的范围内。家的边界可以超越物理意义的家门而通向自己的邻居、社区、村庄或城市。家是一个地方,但更是承载着家人、好友以及各种人、事、物的地方,也正是这个空间,给了我们

每个人以归属感以及那种十分亲切的感觉。这个空间承载着特殊的活动与社会关系。随着城市化的发展，回不去的家乡成为现代诗歌、民谣、小说中一个永恒的主题，孤独感随之而来。从社会学意义上说，与现代性相随的城市化进程将个体置于陌生人社区，这种现实家园与理想家园、现实社会关系与理想社会关系之间的落差导致了现代人的孤独感。

面对城市化，伯曼指出社会关系对现代人日常所体验到的孤独感有着重要影响。城市化是现代性的一个主要产物。到 2050 年，世界城市人口将占到人口总数的 69.6%。城市化导致了传统社区的消逝，与之相伴的新型人际关系带来了现代人所感受到的孤独与寂寞[59]。

在此时代背景下，存在两种对于媒介的看法：第一种是，媒介让我们沉溺于虚拟空间的互动，导致了我们的群体性孤独；第二种则是，媒介延伸了我们的社会网络，能够帮助我们超越孤独。

（一）虚拟互动与群体性孤独

现代人对城市现代化的回应就是选择"宅"生活，越来越多的人，仅仅通过虚拟的社会网络与他人联系，而不愿在现实场景中面对面地进行交流。依据齐美尔的观点，如果人们不把城市生活的喧嚣阻挡在外，那么人们将会失去自制。所以，当人们不得不面对越来越多的陌生人时，城市的人典型的交往模式就变成了"人不犯我，我不犯人"，他们密切观察周遭环境中可能存在的威胁，防范任何可能的侵入，苦苦经营一个不被打扰的私人空间。与其与身边的人交流，他们宁可沉溺于虚拟空间之中进行交往。

这种看法背后的媒介观或许更为接近雪莉·特克尔等人的观点。与之对应的图景或许是群体性孤独中所刻画的，我们宁愿与虚拟空间中的角色进行交流，而不愿意与现实生活中的人展开互动。

雪莉·特克尔提出群体性孤独的观点，即我们宁愿聚在一起玩微信也不愿意面对面地交流。在特克尔思想的背后，实际上包含着对于现代人之所以孤独的看法，这种看法与莱斯曼的非常相似。莱斯曼的观点是，现代人之所以孤独，是由于这是一个由他人导向的社会（others directed），我们每个个体都在意其他人对我们的评价，而我们都根据社会的规定、条款调节着自己的行为与生活模式，从而与我们内在的自我割裂开来，而这种与内在自我的割裂使得我们无法认识自己，进而导致现代社会中人们普遍的孤独感。由他人导向的个体希望得到别人的喜爱，同时他们会随时监视自己的外部环境来调整自己的行为。他人导向的个体是与内在的自我、情感、灵魂割裂开来的。这种特征受到外部环境的影响,由家人、教师、大众传媒所形塑。对这类人而言,最终的结果是焦虑的扩散以及从来无法让其感到满足的在同辈中的获欢迎的程度,由此,正如莱斯曼的著作题目一样,现在的社会是一个群体性孤独的社会[60]。莱斯曼的思想与后期很多研究新媒体与孤独感的研究有联系,以使用与满足理论为基点的很多研究都指出,那些存在特质性孤独的个体,之所以选择 CMC,就是因为人格特质的孤独。孤独感往往与诸如害羞、内向、社交无意愿等人格变量有所联系。因此,在现实生活中,他们往往不愿意与人交流,而 CMC 则提供了一个让他们进行身份实验的空间。同时,对大多数人而言,他们之所以希望使用互联网,就是为了能够体验在现实生活中所缺失的身份[61],这就是雪莉·特克尔在其名著《镜中自我》中所刻画的场景,即我们在现实生活中无法实现的那部分身份,经由互联网得以实现,我们通过扮演一个未曾扮演过的角色,而让自己变得完整[62]。

系统理论观认为,媒介介入我们的社会生活后,会对我们的社会生活系统产生负面影响。系统理论的代表学者弗兰德斯(Flanders)指出,该理论的核心预设是生命体的行为反映了系统中多层级系统的影响[63]。这些层级包含了从细胞到全球化的各个层面。基于系统理论,孤独感可以被看作一个反馈性的系统,用于帮助个体或社会维持在一个稳定、良性、合理的人际关系阈限之内。他的理论并非源自实证性的研究,而是对米勒的系统理论的扩充。弗兰德斯将孤独看作是有潜在危害的,但同时认为这给我们提供了很好的反馈,帮助我们和社会维持在一个较好的人际关系水平。系统理论认为个体与环境都是影响我们行为的重要因素。影响我们行为的要素要花较长的时间才能够看出它们的影响作用。系统理论认为行为的形成原因在一个动态的系统中完成。因此,系统理论对于孤独感的界定是,孤独感是个体的适应性反应系统,用于将个体从缺失社会关系的状态带到理想社会关系的状态。这样一种界定方式,并没有排除从认知层面对于孤独感的界定。系统理论特别提出了大众媒介出现之后,对于人们交流时间的替代作用,而媒介对交往时间的替代效应,则是大众媒介以及新媒体研究路径中很重要的一个议题。

(二)自我传播网络与超越孤独

针对上文中所提到的"宅"的现象,另一种解释是,当我们宅在家中,基于社会网络与他人进行交流时,我们或许正在分享彼此的体验;当我们使用微信与朋友用语音联系时,我们或许正在进行深层次的自我表露,吐槽生活中的种种不快。我们之所以不选择面对面的交流或许只是由于好友离我们甚远,我们只能选择那些可以克服地域性障碍的媒介罢了。

　　这种看法背后的社区观如图 2-1 所示。该图的意涵是,人们的社会关系不以封闭的社区为单位,我们积极地建立属于自己的社会网络,对我们重要或者志同道合的人或许离我们很远,同时在所居住的社区中并不存在太多自己所熟悉的人,每个人的社会关系都以自我为单位,而非以社区为单位缔结起来。

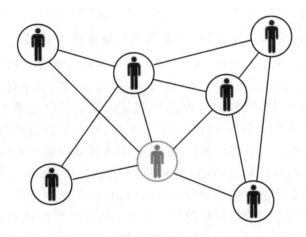

图 2-1　以自我为单位的社会网络

　　这种看法背后的媒介观,或许更类似于齐美尔的看法。与之对应的图景或许是:我们并非沉溺于虚拟空间之中,我们只是通过各种媒介手段与自己的社会网络保持联系。这就是所谓的网络化个人的时代。

　　其实,斯莱特的思考与齐美尔就现代性、空间流动与现代人的社会心理的分析十分类似。可以说,斯莱特的观点刻画了现代社会流动性对我们社会关系的冲击,而伯曼的观点则很形象地描绘了现代性以后,社会关系遭到破坏的现代人的精神体验。齐美尔指出,现代性带来的城市化进程,在空间上带来了流动性,使得个体从原先的以群体为单位的社区,转变为城市中以个体为单位的原子,于是导致了现代人的孤独与疏离。同时,齐美尔提出了斯莱特与伯曼未曾提出的现代性所带来的另外一个变量:中介化交流的出现。通过媒介的中介作用,我们可以与不在身边的社会关系保持联系。

　　网络化个人主义所刻画的图景是:在网络化个人主义的视角下,我们之所以一起玩微信,只是由于坐在我对面的那个人实在不是我很愿意联系的,而在微信另一端的那个人很可能可以提供给我更好的社会支持与情感慰藉。

其实，上述两种观点，包含着两种社区模式，第一种是门对门的社区模式，如果基于这种想象，那么现代人必然是孤独的，因为对我们而言重要的人往往离我们较远。但如果我们换个角度来看，现代人的社区模式或许并不是以传统意义上的社区为单位的，而是以自我为单位，通过不同类型的传播工具缔结，进而实现人对人的社会网络模式。也正因此，对应着两种对媒介的看法：在前者看来，媒介消耗了我们与他人交往的时间，因为我们用了太多的时间和精力与虚拟空间中的他者交往，而不愿与邻居进行面对面的交流；但在后者看来，媒介实则就是我们社交网络的延伸。

二、网络化个人主义、社会联系与孤独感的主要议题

网络化个人主义的崛起，是 21 世纪一个重要的社会、政治、经济与文化现象，而且是一个全球性的事件。在今天，移动、社交、互联媒介正越来越深刻且密切地融入人们的日常生活之中，迅速改变着社会生活中的许多事情，而其中最为重要的改变是：通过对移动、互联、社交媒介的整合使用，个体缔结了以自己为中心的自我传播网络，借此个体可以构成极为广泛、具有鲜明异质性并超越时空的社会网络，由此形成了网络化个人主义的现象。自我传播网络使社会网络中的社会资本得以流动，社会支持得以发生，进而影响着现代人的孤独感。恰如威尔曼所指出的，由 ICT 所形成的联结可能是松散的，但由此构成的网络不但具有极强的社会支持能力，而且具有改变生活方方面面的力量。

国内外学界对网络化个人主义的研究，涉及社会学、心理学与传播学等诸多学科。这些学科在理论视角、研究主题、问题意识及研究架构上各有侧重，但也有重合的地方。目前，对网络化个人主义的研究，主要集中在以下议题。

(一)社会网络

以网络化个人主义为视阈对社会网络展开的研究主要分为两种类型：第一类将重点放在对社会网络现状的描述上；第二类将社会网络看作结构性因素，分析该变量对自我传播网络使用及社会心理的影响。

社会网络的描述性分析，是研究网络化个体的基础。在美国[64]、荷兰[65]等国家，有研究基于全国样本，展开实证调查，对社会网络结构进行了描述性统计。在新加坡及中国台湾，有研究以特定群体为样本，对学生[66]、社区居民[67]的社会网络结构进行了描述性统计。上述研究通过对社会网络的分析，更好地描述了网络化个体的社会关系现状。

社会网络对网络化个体的行为与认知具有结构性影响。有学者指出，社会网络作为结构性变量，将对个体 ICT 使用行为与幸福感产生影响：在网络化个人主义时代，社会网络的结构将对个体 ICT 的使用产生影响，同时强关系虽然依旧重要，但弱关系对个体而言，也具有重要的影响[64]。

(二)自我传播网络

迄今为止，传播科学对网络化个人主义的研究，从四个方面展开：一是 ICT 使用行为，包括对使用方式、时间、频率、地点进行实证调查；二是对使用行为的本质进行分析；三是对行为的影响因素与结果进行建模；四是对 ICT 整合使用的研究。

网络化个体的 ICT 使用行为研究，多将重点放在 ICT 使用习惯、频率、时间、动机等方面。以 ICT 类型对现有的研究予以划分，学者分别就手机短信与电话[68]、互联网[69]、社交网络[70]、即时通信工具[71]使用行为的不同面向进行了分析。

学界对网络化个体 ICT 使用行为本质的分析，多源自社会学与心理学的视角。如梁永志(Louis Leung)指出，人们之所以倾向于使用 ICT，是由于 ICT 所提供的虚拟空间，可以让个体扮演多重虚拟的角色，通过身份实验，可以体验在现实生活中所缺失的身份[61]。又有其他学者根据戈夫曼的理论指出，人们使用 ICT 往往可以让自己更好地做到自我表露(self disclosure)、自我呈现(self presence)及隐私管理(privacy management)。

ICT 使用行为影响要素的分析，多从数字鸿沟与社会关系网络入手。针对数字鸿沟的研究强调的是人口变量的影响，如年龄是影响自我传播系统使用的因素之一。ICT 往往更容易为年轻人使用，对年轻人而言，他们的时间更多，而且学习速度更快[72]。除手机电话外，IM、SNS、email 在中国自90 后、00 后出生便深深植入他们的生活之中。这些数字土著(digital natives，指和高科技一起诞生、学习生活、长大成人者)可以更快地接受这些技术[72]。也有学者分析了社会网络对 ICT 使用的影响。

ICT 的整合使用，构成了自我传播系统。社会在传播中发生，这个理念在网络化个人主义时代日趋得到验证。社会网络对我们而言至关重要[73]，包括"谁"在我们的关系网络中，我们"如何"与他们进行交流。现代社会的人际社会网络与多维度的技术是勾连在一起的，并形成了自我传播系统[64]。

(三)网络化个人主义与孤独感

孤独感是当理想社会关系与实际社会关系之间存在差距的时候，个体所感知到的负面体验。网络化个人主义视域下孤独感的研究主要可以从社会网络与 ICT 使用这两个角度展开。

社会学以社会资本为解释变量，指出社会关系中蕴含着不同类型的社会资本，这对个体孤独感的抑制有重要作用。有学者指出，社会关系对个体幸福感而言有很重要的作用，社会关系之所以会带来诸多的影响，是由于社会关系与社会资本和归属感联系在一起[74]。当理想的社会关系无法获得的时候，人们就有可能面临较高的生病或面临情绪失控的风险。涂尔干在其著作《论自杀》中曾指出，现代人自杀的重要原因之一是理想社会关系的缺失[75]。

传播学以传播行为为解释变量，分析媒介使用行为与孤独感之间的关系。在网络化个人主义在全球范围内迅速崛起的同时，人们日常生活中 ICT 使用的行为方式也变得比以往更为复杂。有学者指出，ICT 对现代人的日常生活和显示行为有着越来越显著的影响[72, 76-78]。但由于 ICT 使用行为的复杂性，ICT 使用对网络化个体所造成的行为后果依旧没有统一的结论：从替代假设入手的传播学者指出，ICT 使用将减少个体线下与他人交往的时间，而线下社会关系对个体的幸福感是至关重要的[48]；有传播学者基于"媒介即人的延伸"的观点，认为 ICT 是现代人社会关系的延伸，并通过实证的方式分析社会网络的广泛性与异质性将如何对基于 ICT 的社会结网行为产生影响[64]；从网络化个人主义视角入手的传播学者则直接分析社会网络、ICT 中介社会网络与社会参与、幸福感等变量之间的关系，这些学者认为，由 ICT 所建构的自我传播网络是社会资本的重要传递渠道，线上的社会资本虽然与线下社会资本在形式上存在差异，但其对个体所提供的支持与帮助是类似的[66]。

相关学术史经梳理后，见表 2-1 所示。

表 2-1　网络化个人主义研究梳理

议题	阶段	研究问题	理论	学者	文献
社会网络	Ⅰ	社会网络现状	社会网络	Tseng S F	The implications of networked individualism
	Ⅱ	社会网络对认知的影响	社会网络	Wang H V Chua V Stefanone M A	Social ties, communication channels, and personal well-being
		社会网络影响媒介使用	媒介可供性	Boase J	Personal networks and personal communication system

续表

议题	阶段	研究问题	理论	学者	文献
自我传播网络	I	使用行为	媒介可供性	Gibson J	The theory of affordances, in "perceiving, acting and knowing"
	II	使用实质	身份管理、实验、隐私	Leung L	Loneliness, social support, and preference for online social interaction
	III	影响因素	数字鸿沟	Anderson B Tracey K	Digital living: the impact (or otherwise) of the Internet on everyday life
			社会网络	Tseng S F	The implications of networked individualism
	IV	整合 ICT 使用	自我传播系统	Boase J	Personal networks and personal communication system
孤独感	I	社会网络对孤独感的影响	社会资本	Baumeister R F Leary M R	The need to belong: desire for interpersonal attachments as a fundamental human motivation
	I	媒介使用与孤独感	替代—提升假设	Zywica J Danowski J	The faces of Face-bookers: investigate social enhancement and compensation hypotheses
	II		媒介即延伸	Wang H Chua V Stefanone M A	Social ties, communication channels, and personal well-being
	III		网络化个人主义	Quan-Haase A Cothrel J Wellman B	Instant messaging for collaboration: a case study of a high-tech firm

第三节　研究视角与分析架构

　　上述研究基本上勾勒了现有网络化个人主义研究中的主要研究路径，从理论上看，网络化个人主义研究或许存在如下两点不足之处。

　　第一点，亚洲语境下相关研究的缺失。网络化个人主义的研究在美国已经有了近 10 年的研究历史，但是在亚洲，仅在韩国、新加坡[66]、中国台湾[67]等国家和地区展开过几个小型的研究，受抽样规模、样本来源等局限性的影响,很难说这些研究可以代表亚洲甚至是该国家或地区的网络化个人主义的现状。

第二点,社会网络与传播网络如何共同对现代人的社会心理产生影响。此背后的机制值得我们做进一步的探讨。研究者指出,社会网络中虽然存在社会资本,但唯有通过传播网络的使用,才能将其加以转换,并给自己带来益处。但是此类研究在目前网络化个人主义的研究范式中尚为数不多。[67]

职是之故,本研究的核心在于分析在中国乃至亚洲语境下,现代人如何通过自我传播网络联结社会网络,个体的社会网络与自我传播网络的使用又将如何影响个体不同维度的孤独感。

一、研究定位与目标

(一)研究定位

基于目前传播科学界对网络化个体 ICT 使用行为的研究现状,本研究借助问卷调查、实验和统计分析方法,对社会网络、自我传播网络与孤独感之间的关系进行探索性研究。本研究重点问题如下:

(1)以自我传播网络为视角:自我传播网络如何被用于承载现代人的社会关系,社会网络如何对自我传播网络的建构产生结构性影响,自我传播网络如何影响现代人的孤独感。

(2)以社会网络、自我传播网络与情境孤独之间的互动关系为视角:社会网络如何以自我传播网络为中介传递社会资本,对不同维度的情境孤独的影响如何。

(3)以社会网络、自我传播网络与情绪孤独之间的互动关系为视角:社会网络解构不同的个体,如何通过自我传播网络的使用,调节情绪性孤独。

(4)以媒介素养理论为视角:自我传播网络的使用动机与认知如何对媒介使用行为及使用后果产生影响。

本研究需要处理的难点问题包括以下两个方面:

(1)全国性实证考察,提升了抽样的难度。本研究是基于以全国为样本展开的实证考察,这要求综合考虑研究时间、经费与抽样方法等因素,抽取合适的样本。考虑到抽样途径可能是多元化的,因此需要进行同质性检定;考虑到样本对母体的可代表性,因此需要进行适配性检定。

(2)多变量之间的中介效应分析,提升了建模的难度。本研究将对社会网络、自我传播网络与孤独感这三个变量的中介机制展开考察,因此,在建模上需要考虑中介分析的要求,建构合适的模型,使用合适的统计方法。

(二)研究目标

基于上述研究定位,本研究希望达到的基本目标是,借助问卷调查、实验和深度访谈等实证研究方法,以统计分析手段研究以下两个方面的问题:

(1)对中国大陆各年龄段的自我传播网络使用行为进行描述性统计分析,在此基础上,梳理和分析个人特征、社会差异与自我传播网络使用行为之间有何关联;

(2)基于对自我传播网络使用行为进行的研究,使用截面法,在全国样本数据的基础上,借助中介效应分析、聚类分析等统计手段,分析自我传播网络如何被用于社会结网并对情境性孤独产生影响;使用实验法,在实验数据的基础上,借助方差分析的统计手段,分析自我传播网络如何被用于情绪性孤独的管理;使用截面法,在全国样本数据的基础上,借助因子分析、多元回归、分层回归等统计手段,分析媒介素养对自我传播网络建构行为与后果的影响。

二、理论视角、分析架构与研究假设

本研究尝试以社会网络、自我传播网络与孤独感之间的互动为基点,建构一个综合分析框架。首先,描述分析网络化个体自我传播网络使用行为的基本结构和特征;其次,分析人们通过自我传播网络的使用,可能如何影响社会资本的流动、转化,如何使情绪得以管理、调整,进而对情境孤独、情绪性孤独产生影响;再次,结合结构变量与媒介使用动机,分析媒介素养的影响。在这一分析架构下,本研究围绕以下视角展开分析。

(一)自我传播网络视角与研究假设

以自我传播系统与传播网络这两个概念为基础,本研究提出自我传播网络的概念,以分析不同类型的 ICT 对网络化个体社会生活所产生的影响。

博思(Boase)于 2008 年提出了自我传播系统这一概念,其中有两个关键词,一个是自我,另一个则是传播系统。不难看出,他希望用这个概念凸显现代人以自我为中心、用不同媒介勾连彼此的特点[64]。但在其概念意涵中,我们看不到自我传播系统如何嵌入社会生活中,如何对个体的社会生活产生影响。

国内学者吴飞所提出的传播网络概念，从一定程度上弥补了自我传播系统这一概念的不足。通过对少数民族社区的考察，吴飞认为传播网络是社会生活的核心，它嵌入人们的社会生活之中，使社会资本的流动成为可能。学者吴飞[79]指出，传播不是一个简单的线性模式，而是一个网状模式……当然，对于生活于其中的社会不同个体或者组织来说，他们可能会选择不同的传播方式来编织他们的信息传播网络……只有那些擅长利用多种不同传播网络的个人或者组织，才会拥有更多的信息资源，因而他们也就有了更多社会资本和文化资本。

基于自我传播系统与传播网络这两个概念，本研究提出自我传播网络这一"理念型"概念，用"自我传播网络"这一概念来指涉现代人通过多重以自我为中心的 ICT 与他人进行联系，这一联系将对社会生活造成两个面向的影响：一方面，从社会资本的理论视角出发，这些媒介承载着能给现代人带来社会支持与情感支持的社会资本，人们通过交流与联系，将原先存在于社会网络中的社会资本转化为可以减少现代人孤独感的资源；另一方面，从情绪管理的理论视角出发，ICT 提供了人们虚拟交往的空间，让人们的身份管理、自我呈现、身份实验成为可能，从而使人们可以通过使用 ICT 缓解自己的孤独情绪。

由此，现代人的自我传播网络包括如下四个特征：以自我为中心，基于多重 ICT 进行联系，中介着现代人的社会网络，提供社会资本流动与情绪管理的功能。

现代人的社会网络是由自我传播网络所中介的。那么，社会网络与自我传播网络之间可能的关系是什么呢？一方面，根据网络化个人主义的相关研究，自我传播网络可以被看作是现代人社会网络的延伸，这一研究思路在现有的网络化个人主义研究中较为常见[64, 66]。另一方面，自我传播网络更可以被看作是承载现代人社会关系的"空间"，对现代人而言，社会关系依托不同基质的传播网络而展开，即将自我传播网络看作"中介化的空间"。而这种观念在近年来的生态系统理论发展中得到了呼应[80]。综上，基于现有理论与研究，本研究认为，移动、互联、社交、即时通信工具建构了现代人的自我传播网络，这是现代人社会网络的载体，通过社会资本的传递将对不同维度的孤独感产生显著影响。

据此，提出研究问题如下：

（1）关于传播网络，中国人传播网络中的社会关系构成是什么样的？

（2）自我传播网络中的社会网络构成是什么样的？

(3)能否就不同基质自我传播网络的使用程度,对人群进行分类?

基于对自我传播网络的描述性分析,本研究将进一步考察其对孤独感的影响,本研究假设:

(1)自我传播网络对不同层面的孤独感存在显著影响;

(2)自我传播网络所中介的社会网络对不同维度的孤独感存在显著影响。

自我传播网络与其他媒介的使用行为构成了个体媒介使用的整体生态,而其他媒介的使用将影响自我传播网络的使用。就网络的媒介补偿、提升假设所展开的研究有很多,这些研究往往支持两个悖论性假设中的一种。本研究认为,在替代—提升假设背后的实质是对自我传播网络用途的预设存在分歧,支持替代假设的学者预设了媒介的使用一定会对交往产生时间替代作用,而支持提升假设的学者则预设了当媒介用于社会交往时所起到的维系社会关系的作用。本研究认为,人们的 ICT 使用行为虽然复杂,但从交往的角度而言,无非是是否以交流为其最终目的。通过对媒介使用行为的分类,我们可以在非交流导向的媒介使用、自我传播网络与孤独感之间建立联系。综上,提出如下研究假设:

非社交的媒介使用,对自我传播网络与孤独感存在显著负向影响。

(二)社会网络、自我传播网络与情境孤独互动的视角与研究假设

本研究的社会网络特指个人网络(personal network),即个体所拥有的社会关系的总和(即自己认识、交流的各类关系)。人是社会的动物,我们从社会关系中获取各种资源,社会网络为个体提供了各种类型潜在或显性利益的资源[81]。

社会网络所提供的诸多资源对个体的社会心理存在影响。有许多研究指出,社会网络能为现代人提供社会资源[81]。而这些社会资源之所以重要,是由于个体会对其所拥有的社会网络中的社会关系进行评价,进而影响个体的社会心理,例如个体所感知到的社会支持或孤独感。

基于生态系统理论,就社会网络中不同类型的社会关系与孤独感而言,有学者指出,需要对现代人多维度的孤独感体验进行研究。社会网络能为现代人提供社会资源[81],从而有可能使人们获得社会支持,减少孤独感。有研究者指出,社会关系的结构并不是随机生成的,往往取决于个体的社会位置以及在人际联系网络中的关系选择[73]。这些与我们直接相关的社会关系在他们的特点、功能以及可能给我们带来的好处上都各有不同。恰如生态

系统理论所指出的,不同微观生态环境中的社会关系对孤独感可能会有不同面向的影响。综上,本研究提出假设:

社会网络的构成对不同维度的孤独感有着显著影响。

社会网络对孤独感的影响,尚未有统一的结论。有研究指出,社会网络与孤独感负相关[82],但也有研究指出两者并不存在相关性[83]。可见两者的关系并不是直接的,很有可能是某个中介变量将两者联系在一起。"可供性"这一概念指出自我传播网络对于现代人社会网络而言的不可或缺性。现代人使用一切可以使用的媒介维系着自己的社会网络,因此社会网络之所以能够减少现代人的孤独感,一个很重要的原因是传播网络的使用。有研究指出,社会网络与传播网络同样重要,但是唯有当两者都发挥作用时,才会对个体的社会心理,诸如幸福感产生影响。研究者指出,社会网络中虽然存在社会资本,但唯有通过传播网络的使用,才能将其加以转换,并给自己带来益处[67]。综上,社会网络对孤独感的影响可能是直接的,也可能是间接的。社会网络中强、弱社会关系的数量与同质性程度对孤独感可能存在负向影响;而间接路径则是通过传播网络这一变量。分析中介机制对分析两个变量之间的关系十分重要。简单来说,本部分想着重考量的是,个体通过不同类型的媒介维系不同维度的社会关系,对孤独感会有什么不同的影响。

因此,本研究将进一步对社会网络与孤独感之间的中介关系予以分析,并提出如下研究问题:

自我传播网络的使用对社会网络与孤独感之间的关系是否存在显著间接效应?

(三)社会网络、自我传播网络与情绪性孤独互动的视角与研究假设

孤独根据时间持续长短可以分为长期性孤独与情绪性孤独。Beck 与 Young 在 1979 年的研究中指出,情绪性孤独指的是在日常生活中,一种稍纵即逝的情绪,一旦有人与我们交流,这个情绪就会消失。自我传播网络一方面为网络化个体提供了所需的社会资本,影响着情绪性孤独;另一方面,人们在日常生活中,会通过 ICT 的使用来缓解自己的孤独情绪。其实,麦克卢汉的"媒介即按摩"就是对此最好的阐释,但真正从实证角度予以展开的,是后期基于情绪管理理论的系列研究[39]。有研究指出,计算机中介传播由于提供了身份实验、隐私边界控制等功能,因此可以在使用后减少孤独感[42]。综上,本研究提出如下假设:

（1）情绪性孤独将推动个体使用自我传播网络；

（2）使用媒介不同，对孤独感的影响效果不同；

（3）社会网络不同的群体，自我传播网络的媒介选择、使用方式不同，且对孤独感的影响效果不同。

（四）媒介素养视角与研究假设

个体媒介使用的动机与追求的满足感是影响 ICT 使用行为的重要因素之一，作为媒介素养的重要维度，个体的媒介使用动机与自我传播网络使用行为之间存在着一致性。使用与满足理论认为，个体在媒介使用过程中，所追寻的满足感将影响个体的媒介使用。因此，本研究假设自我传播网络的使用动机与认知作为重要变量，对媒介的使用行为具有显著影响。综上，本研究提出如下假设：

媒介使用动机将影响自我传播网络的使用方式，并对个体的孤独感产生影响。

主要的理论视角与研究假设如表 2-2 所示。

表 2-2　理论视角与研究假设

理论视角	关注问题	研究假设与研究问题
自我传播网络视角	在中国人的自我传播网络中，社会关系构成是什么样的？	RQ1：自我传播网络中的社会网络构成是什么样的？ RQ2：能否就不同基质自我传播网络的使用程度，对人群进行分类？
	自我传播网络如何对孤独感产生影响？	H1：自我传播网络对不同层面的孤独感存在显著影响。 H2：自我传播网络所中介的社会网络对不同层面的孤独感存在显著影响。
	从系统的角度来看待媒介使用，其他媒介使用行为将如何对自我传播网络与孤独感产生影响？	H3：非社交的媒介使用，对自我传播网络与孤独感存在显著负向影响。
社会网络、自我传播网络与情境孤独视角	社会网络如何对不同维度的孤独感产生影响？	H4：社会网络的构成对不同维度的孤独感有着显著影响。
	自我传播网络如何中介社会网络与孤独感之间的关系？	RQ3：自我传播网络的使用对社会网络与孤独感之间的关系是否存在显著间接效应？

续表

理论视角	关注问题	研究假设与研究问题
社会网络、自我传播网络与情绪性孤独视角	社会网络如何以自我传播网络为中介传递社会资本,对不同维度的情境孤独有何影响?	H5:情绪性孤独将推动个体使用自我传播网络。 H6:使用媒介不同,对孤独感的影响效果不同。
	社会网络结构不同的个体,如何通过自我传播网络的使用,调节情绪性孤独?	H7:社会网络不同的群体,自我传播网络的媒介选择、使用方式不同,且对孤独感的影响效果不同。
媒介素养视角	在控制社会网络变量后,自我传播网络的使用认知、预期与行为如何对情境、情绪孤独产生影响	H8:媒介使用动机将影响自我传播网络的使用方式,并对个体的孤独感产生影响。

三、概念界定

本节将就研究的核心概念进行界定。

(一)传播

布尔迪厄说过,一个研究者在对某个现象形成实践感后,才会体悟出在这个现象中的"真问题"。笔者认为,研究者的生命实践是各有不同的,由此即便对同一个现象,也往往会体悟出不同的问题,可这些或许又恰恰都会是"真问题"。为了解决这些问题,我们需要先做出自己的分析与判断,而这些分析与判断往往又是建立在某些预设、观念基础之上的,由此,当我们说对某个现象所持观点的时候,往往已经带出了其中所看到的问题。

在西方学术传统中,传播学研究往往与心理学有着莫大的关系。因此,在之前的学者的研究中,传播被西方学者看作是一个个体导向的行为。在实验研究中,传播学与心理学勾连在一起,而这种勾连的背后实则是对于人和传播的预设,将人看作是孤立的原子,而传播则是个体所发出的行为。这也许就能解释为何有关传播与孤独感的研究会采取"媒介采用"这一范式。

在本研究中,首先,传播被看作一种关系。任何事物都是由一系列的关系所建构而成的,处在不停歇的构成状态、过程之中。它指的是任何事物之所以成为该事物,是特定的时间、空间、社会关系的使然。关系更是一种充满内部动力的力量。就像重力一样,关系会把人拉得更近或推得更远。关系对我们有着影响,传播建构着关系。传播是勾连人与人的过程,而不仅仅是一个传输信息、符号的过程。取而代之的传播观有可能是：传播是一个将人与人勾连或再度勾连在一起的网络。这样的一种界定方式让我们的研究与西方传统意义上的对传播的研究拉开了距离。传播作为关系的视角和先前的对于传播学的看法是有所不同的。基于关系的视角，研究者更多地会关注关系的系统，以及在其中发生的传播行为。作为关系的传播让我们从本体论和方法论上获得了新的思考，让我们有可能更好地去反思究竟何谓传播，并更好地了解人类是一种与他人联系并由此建构自身的社会动物。本研究将个体看作是社会网络中的存在个体，个体的社会心理与行为受到社会网络的影响，而传播则是个体与社会网络中与他人发生勾连的过程。

其次，传播被看作是一个资源交换的过程。这一观念着重强调，在我们经由传播勾连彼此的过程中所发生的权力、社会资本等资源的交换。这一层面的传播观，国内学者已经有很详细的梳理，故不再赘述。

本研究所持有的传播观，分为两个面向：第一，传播可以维系、勾连人与人之间的社会关系；第二，现代人的自我传播网络中介着社会网络，进而为个体提供所需的社会资源。

（二）自我传播网络

威尔曼于《超越孤独》一书中，仅就移动网络与互联网络做了重点分析，但从书中的其他部分亦可看出，他认为面对面的交流依旧重要。现代人与他人之间的勾连虽然越来越多地借助移动互联网络，但也不能忽视传统的面对面交往。

针对网络化个人主义的现状，有学者提出了自我传播网络这一概念，用于指现代人基于多重传播媒介来维系人际关系这一事实。其中有两个关键词，一个是自我，另一个则是网络。显然该学者希望用这个概念凸显现代人以自我为中心，用不同媒介勾连彼此的特点。

现代人的社会关系是由自我传播网络所中介的。其对于现代人的意义之一在于，由此中介的社会网络，为现代人提供着情感与社会支持。有学者对几种主要的传播观念加以梳理后提出，在诸多的与传播相关的概念中，交换观是一个不可忽视的观念，并将此观念融入"传播网络"这一概念中，用于解释权力是如何通过传播网络在一个社区中流动的。权力是资源的一种，但于传播网络中，同样重要的是其能为个体提供社会支持与情感支持的社会资本。于本研究语境中，此类的资源更为重要。

有研究指出,社会网络能为现代人提供社会资源[81][84-86],从而使人们获得社会支持、减少孤独感。因此,本研究将用自我传播网络这一概念来指涉现代人通过多重以自我为中心的媒介与他人进行联系,这些媒介承载着能给现代人带来社会支持与情感支持的社会资本。人们通过交流与联系,将原先存在于社会网络中的社会资本转化为可以减少现代人孤独感的资源。由此,现代人的自我传播网络包括如下三个特征:

(1)自我;

(2)多重媒介的联系;

(3)中介着现代人的社会网络。

就自我传播网络的构成而言,本研究将用面识网络、移动网络、互联网络、即时通信网络、社交媒介网络来代表现代人的自我传播网络。

(三)社会网络

社会网络指的是个体的社会关系,即个体所认识、熟悉的社会关系所组成的社会关系网络[87]。在社会网络分析中一般有两种形式:整体网络分析与自网络分析。整体网络分析一般会设定一个封闭的群体边界;与之相反,自网络强调的是以个体为单位的个人所拥有的社会关系。

整体网络分析强调的是一个封闭社区中个体所拥有的关系,而自网络则强调以个体为中心所缔结的社会关系。国内针对传播网络分析的现有文献,多以整体网络为分析对象。本研究认为,对现代人而言,以社区为单位的社会网络固然依旧存在且重要,但对现代人真正重要的关系可能往往在其所在的社区之外。

由于本研究更为关注的并非一个封闭的社区,而是现代人以自我为中心展开的社会关系,因此在分析上,援引的是自我网络这个概念。

(四)作为资源的社会网络

本研究对社会资本的界定是从水平、个体入手的,将社会网络概念化为社会资源,指的是存在于个体社会网络中,当个体需要帮助的时候,有能力且愿意为个体提供帮助的程度。这种概念化方式在现有的文献中亦较为常见。

(五)孤独感

人都会有感到孤独的时候,根据卡乔波等人的统计,在任何时候,约有百分之二十的人会感觉彻底被孤立了,因此,孤独感也成为人们生活中经常感到不快乐的重要原因。我们都希望追求幸福,而孤独感往往被看作是幸福的对立面,在任何成长阶段,我们都有可能为这种负面感受所困扰。也正因此,孤独感的研究对象包括了青少年、成人以及老年人。这些研究往往将孤独感看作对人们的情绪、心理健康有害的因素。孤独感往往与抑郁、滥用药物、自杀和死亡相关。因此,孤独感成为人们心理、生理健康的重要指标。

孤独感是个体所感受到的理想人际关系与现实人际关系之间存在差距时所出现的负面体验与情绪。当社会关系与自己预期的社会关系存在差距的时候,人们会感到孤独。也正因此,孤独的个体往往在自我报告阶段,会显示出低水平的社会关系数量与质量。例如,孤独感往往与较少的朋友数、较少的人际互动以及较差的友谊质量联系在一起。孤独的人往往感到自己很少能够融入社交圈子中,而且自己的价值也很少能够为他人所认可。孤独感根据时间维度,可以分为暂时性孤独与特质性孤独。暂时性孤独往往由社会因素所引发。

本研究从社会网络的角度对孤独感进行概念化,指的是当个体处于社会网络中,感到社会网络无法为其提供理想的社会支持、情感慰藉等资源时所出现的负面情绪和体验[65,84]。

四、变量设计

本研究的问卷主要包括四个部分:人口变量、孤独感、社会网络测量问卷以及传播网络资本测量问卷。下面将从问卷形成流程、量表来源、预测试三个方面加以说明。

(一)问卷形成流程

本部分将就本研究所使用的测度工具的发展过程予以说明,本研究问卷形成流程如下(见图 2-2)。

(二)量表来源

就量表来源而言,为了确定测量的信度与效度,一般有如下四个要求:首先,尽量引用已发表的论文中具有相似的学术定义构面的题目;其次,这些量表的年代离现在越近越好;再次,与本研究领域的相似度越高越好;最后,一个构面的问卷不要来自多个学者。

本研究所采用的孤独感问卷以及自我社会网络测量问卷均源自西方既有的成熟研究。

1. UCLA 孤独问卷

UCLA 孤独量表(UCLA Loneliness Scale, University of California at Los Angeles)首版于 1978 年由卢瑟儿(Russell)等人编制而成,曾经在 1980

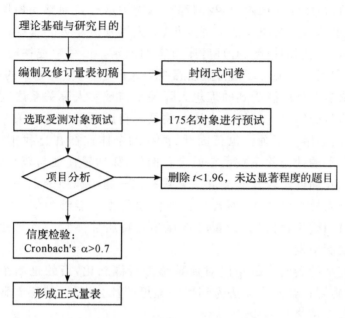

图 2-2 问卷形成流程示意图

年和 1988 年进行过两次修订,分别为第二版和第三版。本研究所用的量表是第三版。该量表为自评量表,主要评价由对社会交往的渴望与实际水平的差距而产生的孤独感。全量表共有 20 个条目,每个条目有 4 级频度评分:4=一直有此感;3=有时有此感;2=很少有此感;1=从未有此感。其中有 9 个条目反序记分,分数越高,孤独程度越高。卢瑟儿等人对 487 名美国大学生进行的研究结果是平均分 $M= 40.1$,标准差 $SD= 9.5$。内部一致性被受试者接受和掌握,在孤独的评定中优于其他量表。第二版和第三版问世以来已被国外学者广泛应用于心理学、教育学和医学等领域。

2.社会孤独问卷

社会孤独量表是以韦斯的理论为指导编制的,目的是区分感情孤立(与另一个人缺乏亲密接触)和社会孤立(与具有共同兴趣爱好的朋友们缺乏交往)。卢瑟儿等的量表只有 2 个条目,分别针对 2 种不同的孤独。每个条目有 2 个句子,用来描述孤独,让受试者按 9 级评分(两级分别是"一点没有"和"极重")评定当前的感受强度。韦廷博(Wittenbers)等的量表共 10 个条目,社会孤独与感情孤独各占 5 个条目。每个条目评分分 5 级,两个分表总分均为 5~25 分。评分高则孤独感强。本研究中使用的社会孤独问卷源于韦廷博所设计的社会孤独的 5 个条目。

3．情感孤独问卷

本研究中使用的情感孤独问卷同样源于上文所述的韦廷博等设计的问卷，用其中情感孤独的 5 个条目对情感孤独进行评定。

4．父母孤独问卷

父母孤独问卷源于儿童—成人孤独量表中的子量表，每个子量表由 12 个题目构成，每个题目为 5 级李克特量表，1～5 分别代表从"不"到"经常"的程度。举例来说，父母孤独的测量题目为：我感觉被父母遗忘了。

5．同辈孤独问卷

该量表同样是儿童—成人孤独量表中的子量表，每个子量表由 12 个题目构成，每个题目为 5 级李克特量表，1～5 分别代表从"不"到"经常"的程度。举例来说，同辈孤独的测量题目为：我没有朋友，所以我感到很悲伤。

6．自我社会网络测量

自我社会网络的调查方式常常通过提名法来搜集个体自身社会网络的数据。所谓提名法，指的是让被试给出他们经常聊天的五个人的名字。尽管这种方法的长处在于搜集与之相关的关系的信息，但是这却无法很好地搜集到社会网络规模的数据，因为提名法是从所有的关系中提出几个他们认为与之关系紧密的几个人，因此无法分析出个体庞大的关系网络。

和提名法不同，社会关系调查往往用的是求合法，该方法专门用于测量个体社会网络的规模。求合法会汇总不同关系类型（例如，好友、同事、家人等等）中的人数，作为社会关系网络规模的最终数据。这种做法可以大规模减少被试的记忆负荷，同时，之前有研究显示，求合法的测量效度与提名法接近。为了进一步减少在答题过程中认知的负荷，并获取和关系亲密程度相关的信息，社会关系调查中的汇总法被用于问被试在这些不同的关系中，有多少人你感觉和他们关系十分亲近；在这些人当中，有多少人你和他们感觉关系有些亲密。之所以测量关系的亲密程度，是因为有学者指出这是关系强度的基本属性。之前有研究指出，让被试回答自己关系中有多少人和自己关系较好，有多少人和自己关系十分亲密，对被试而言是一个相对简单的任务[64]。

7．自我社会网络广度测量

传播科技对那些社会关系十分广泛的人而言十分有用，因为传播技术本身具有超地域性、异步性。将不同地域的人连接在一起往往需要大量的交通事件，由此也就增加了传播信息技术的使用[64]。社会关系的广度在本研究中包括：地理范围上的广度，通过让被试报告在他的所有核心的、重要的关系中,有多少人距其所居住的地方车程超过一个小时;人际关系广度,让被试报告大概有多少重要、亲密的社会关系彼此认识,答案从 0 到 4,分别代表"没有"到"全部"都认识。尽管这种测量方法较提名法缺失了些许的精确性,但是,也在一定程度上克服了提名法自身的局限。

8.自我传播网络使用测量

为了测量媒介与个人社会网络联系的程度,单纯依靠获取媒介使用的频率和时间略显不够。社会关系数据通过测量每周经由该媒介发生交流的核心、重要关系的数量而获得。

9.中介化人际关系网络测量

延续现有研究的做法,测量中介化人际关系网络用了两个测量指标:第一个是社会网络的规模,通过加总在不同媒介中的社会网络的人数获得该数据;第二个是社会网络中关系的强度,通过关系类型与关系的亲密程度来计算在不同媒介中所承载的关系强度。我们仅将一类关系看作弱关系,即关系类型为朋友或同事,且关系为有些亲近,就其他看作强关系[67]。

10.控制变量

在与网络化个人主义与幸福感、孤独感、社会支持感相关的研究中,研究者主要将性别、教育、年龄作为控制变量。本研究也将性别、教育、年龄作为控制变量[64-65]。

(三)预测试

在预试部分,最重要的工作为项目分析与试探性的可靠度分析,把它们作为题目改善的依据。本研究随机从大学生中抽取 175 名样本进行预测试,以在正式发放问卷前删除与国情、民意不甚相符的题项,并在正式测量前检测问卷质量。

项目分析的目的在于删除不具鉴别力的题目,本部分根据如下步骤执行:

第一,就每一构面所有题目取均值;

第二,根据频率表,找出 27 与 73 分位数的值;

第三,根据 27 与 73 分位数,将数据分为低分组与高分组两个组别;

第四,分别就每个构面的题目进行两组独立 t 检定。

如果这两组之间的均值差异显著,则表示此题具有鉴别力;如果这两组之间的均值差异不显著,则说明该题目没有鉴别力,应当删除。

在项目分析结束后,进行可靠度分析。可靠度分析主要依据克龙巴赫系数作为评价指标。

下面对最终纳入问卷的构面进行阐述。

1. UCLA 孤独

本量表基于孤独感界定，在 UCLA 孤独量表基础上加以修编，在参考借鉴国内中文量表后，经由与相关专家讨论，且考虑到该量表在测量单一维度孤独感时有较长的使用历史，且在各研究中的信度均较高，因此并未就该问卷进行删减，直接用 UCLA 孤独问卷进行预试。预试样本抽取国内一所高校的 157 名学生，合计回收有效问卷 157 份，经由项目分析，根据独立样本 t 检验 P 值<0.05 以及 α>0.7 的原则，在预测试阶段，该组题项的每题高分组与低分组均有显著差异，且最终量表信度高，因此将这些题目作为最终的测量题项。预测试结果见表 2-3 至表 2-4。

表 2-3 UCLA 孤独量表均值相等 t 检验（预测试）

题项	t	自由度	显著性	平均差异	组别	个数	平均数	标准差
UCLA1 在我需要帮助时，没有人帮助我	−12.55	110.00	0.00	−1.33	1	63	1.44	0.62
	−12.99	109.95	0.00	−1.33	2	49	2.78	0.47
UCLA2 我缺少伙伴	−22.05	110.00	0.00	−1.74	1	63	1.22	0.42
	−22.14	104.78	0.00	−1.74	2	49	2.96	0.41
UCLA3 我是个外向的人	−7.17	110.00	0.00	−0.97	1	63	1.48	0.67
	−7.05	95.76	0.00	−0.97	2	49	2.45	0.77
UCLA4 我感到被人冷落	−13.39	110.00	0.00	−1.42	1	63	1.48	0.59
	−13.64	108.80	0.00	−1.42	2	49	2.90	0.51
UCLA5 我感到自己与别人隔离了起来	−18.83	110.00	0.00	−1.62	1	63	1.32	0.47
	−19.05	107.13	0.00	−1.62	2	49	2.94	0.43
UCLA6 当我需要伙伴时，我可以找到伙伴	−11.82	110.00	0.00	−0.99	1	63	1.10	0.43
	−11.76	101.01	0.00	−0.99	2	49	2.08	0.45
UCLA7 我对自己如此地不善交际感到不快	−13.36	110.00	0.00	−1.49	1	63	1.56	0.62
	−13.59	108.47	0.00	−1.49	2	49	3.04	0.54
UCLA8 周围有很多人但他们并不关心我	−12.99	110.00	0.00	−1.38	1	63	1.56	0.59
	−13.21	108.39	0.00	−1.38	2	49	2.94	0.52

表 2-4　UCLA 孤独量表克龙巴赫 α 系数检验(预测试)

克龙巴赫 α 系数	项数
0.872	8

　　问卷在孤独感测量方面使用李克特量表,情绪与社会孤独、同辈与父母孤独从"最不同意"到"最同意"共分 5 个等级,UCLA 为 4 个等级。答题者根据自己的判断进行勾选,主要构面以及所包含的题项见表 2-5。

表 2-5　问卷构成

问卷构面	构面意涵	包含题项与测量形式
人口变项	填答者的社会背景信息描述	包含 9 个题项,以填空与单选形式作为回答方式
自我传播网络	填答者在日常生活中用于承载自己社会关系的媒介载体	包含 12 个题项,填答方式为填空题
自我社会网络	答题者的自我社会关系现状	包含 28 个题项,填答方式为填空题
社会孤独	填答者所感知到的由社会关系缺失所导致的孤独感	包含 4 个题项,填答方式为 5 级李克特量表
情感孤独	填答者所感知到的由情感关系缺失所导致的孤独感	包含 2 个题项,填答方式为 5 级李克特量表
同辈孤独	填答者所感知到的由同辈关系缺失所导致的孤独感	包含 3 个题项,填答方式为 5 级李克特量表
父母孤独	填答者所感知到的由父母关系缺失所导致的孤独感	包含 3 个题项,填答方式为 5 级李克特量表
UCLA 孤独	填答者就孤独的主观评价	包含 8 个题项,填答方式为 4 级李克特量表

　　问卷通过问卷星与微调查两个网络平台发布。被试首先完成人口变量部分的题目,其次完成与孤独感相关的问卷,最后就自己的社会网络现状与传播网络中的网络资本状况进行回答。

　　2. 社会孤独与情感孤独

　　社会孤独与情感孤独量表:本量表基于韦斯的孤独感界定,在韦廷博所编制的社会与情感孤独量表基础上加以修编,在参考借鉴国内中文量表后,经由与相关专家讨论,删除 4 个与中国民意不甚相符的题目进行预试。预试样本抽取国内一所高校的 157 名学生,合计回收有效问卷 157 份,经由项目分析,以独立样本 t 检验 P 值 <0.05 以及 $\alpha>0.7$ 的原则,在预测试阶段,该组题项每题高分组与低分组均有显著差异,且最终量表信度高,因此将这些题目作为最终的测量题项。预测试结果见表 2-6 至表 2-9。

表 2-6 社会孤独量表均值相等 t 检验(预测试)

题项	t	自由度	显著性	平均差异	组别	个数	平均数	标准差
SL1 周围的很多人都像是陌生人	−12.75	89.00	0.00	−2.02	1	38	1.92	0.78
	−12.56	75.46	0.00	−2.02	2	53	3.94	0.72
SL2 我有自己归属的朋友圈子	−16.55	89.00	0.00	−2.71	1	38	1.68	0.87
	−15.92	67.79	0.00	−2.71	2	53	4.40	0.69
SL3 我对自己的社交圈子并不满意	−14.12	89.00	0.00	−2.29	1	38	1.71	0.80
	−13.91	75.40	0.00	−2.29	2	53	4.00	0.73
SL4 我身边有好友能理解我的观点与想法	−11.13	89.00	0.00	−1.90	1	38	2.37	1.10
	−9.94	47.42	0.00	−1.90	2	53	4.26	0.49

表 2-7 社会孤独量表克龙巴赫 α 系数检验(预测试)

克龙巴赫 α 系数	项数
0.776	4

表 2-8 情感孤独量表均值相等 t 检验(预测试)

题项	t	自由度	显著性	平均差异	组别	个数	平均数	标准差
EL1 很久我都没有感觉有和自己关系亲密的人了	−19.83	105.00	0.00	−2.53	1	45	1.71	0.79
	−18.68	72.45	0.00	−2.53	2	62	4.24	0.53
EL2 我缺少一种能让我感到自己被理解的社会关系	−20.04	105.00	0.00	−2.39	1	45	1.82	0.78
	−18.49	65.10	0.00	−2.39	2	62	4.21	0.45

表 2-9 情感孤独量表克龙巴赫 α 系数检验(预测试)

克龙巴赫 α 系数	项数
0.735	2

3. 父母孤独与同辈孤独

父母孤独与同辈孤独量表:本量表基于的孤独感界定是在儿童—成人孤独量表的子量表——同辈与父母孤独量表基础上加以修编的,在参考借鉴国内中文量表后,经由与相关专家讨论,删除4题与中国民意不甚相符的题目进行预试。预试样本抽取国内一所高校的157名学生,合计回收有效问卷157份,经由项目分析,根据独立样本t检验P值<0.05以及$\alpha>0.7$的原则,在预测试阶段,该组题项每题高分组与低分组均有显著差异,且最终量表信度高,因此将这些题目作为最终的测量题项。预测试结果见表2-10至表2-13。

表 2-10　父母孤独量表均值相等 t 检验(预测试)

题项	t	自由度	显著性	平均差异	组别	个数	平均数	标准差
PRTL1 我感觉父母会忽略我的存在	−24.44	111.00	0.00	−2.11	1	58	1.00	0.00
	−23.79	54.00	0.00	−2.11	2	55	3.11	0.66
PRTL2 我觉得很难和父母交流	−28.64	111.00	0.00	−2.18	1	58	1.00	0.00
	−27.89	54.00	0.00	−2.18	2	55	3.18	0.58
PRTL3 我怀疑父母是否真的爱我	−25.20	111.00	0.00	−2.06	1	58	1.00	0.00
	−24.53	54.00	0.00	−2.06	2	55	3.05	0.62

表 2-11　父母孤独量表克龙巴赫 α 系数检验(预测试)

克龙巴赫 α 系数	项数
0.902	3

表 2-12　同辈孤独量表均值相等 t 检验(预测试)

题项	t	自由度	显著性	平均差异	组别	个数	平均数	标准差
PEERL1 我觉得自己的朋友比别人的少	−14.93	134.00	0.00	−1.74	1	62	1.66	0.60
	−15.20	133.87	0.00	−1.74	2	74	3.41	0.74
PEERL2 我感觉在自己和别人之间有种疏离感	−18.11	134.00	0.00	−1.90	1	62	1.55	0.56
	−18.32	133.74	0.00	−1.90	2	74	3.45	0.64
PEERL3 在学校、单位的时候我感到孤单	−16.44	134.00	0.00	−1.75	1	62	1.45	0.53
	−16.79	133.40	0.00	−1.75	2	74	3.20	0.68

表 2-13　同辈孤独量表龙克巴赫 α 系数检验（预测试）

克龙巴赫 α 系数	项数
0.843	3

第四节　研究方法

本研究的基本目标包括两点：首先，对网络化个人主义的社会网络、自我传播网络与孤独感的现状进行描述；其次，分析三者之间的互动关系。为了达到这一目标，我们首先用量表的形式对社会网络、自我传播网络与孤独感进行测量，并在此基础上，通过问卷法与实验法，对理论模型中三者的关系予以实证。就社会网络、自我传播网络与孤独感之间的关系，借助中介分析模型予以统计检验和评估。自我传播网络使用的类型化分析用到的是聚类分析的方法。

一、抽样方案

（一）研究对象

1.样本数量

样本数量方面，根据经验法，样本的数量一般是问卷中最大的构面中的题项数目的 5～20 倍，根据母体大小决定。在本研究中，题项最多的构面为 UCLA 孤独，其中包括 8 个题项，基于经验法只需抽取 160 名样本即可。

本研究共抽取 1075 例样本，主要是参考国外与网络化个人主义相关的研究。在样本量上，相关研究的样本量一般都在 1000 例左右，具体样本量见表 2-14。

表 2-14　网络化个体研究样本量参考

标题	年份	作者	样本数量/例	国家
Consequences of media and Internet use for offline and online network capital and well-being: a causal model approach	2009	VERGEER M PELZER B	810	荷兰
Personal communication networks and the personal communication system	2008	BOASE J	820	美国

基于此,本研究将样本量设置为 1075 例,排除无效样本,共 1033 例。

2. 抽样方法

为了使样本与母体尽可能符合,本研究使用了如下方式:

分布式滚雪球。本研究在几个主要地区设置了 1~3 名种子调查员,为了使最终获得的资料均匀,因此尽可能使这些调查员在社会背景、年龄、性别、收入、工作等变项上保持尽量大的差异。种子调查员名单如表 2-15 所示。

表 2-15　种子调查员名单

地区	种子调查员
安徽	男　28 岁　公务员
江苏	女　33 岁　行政人员
浙江	男　34 岁　高校教师 男　48 岁　事业单位工作人员 男　34 岁　教育机构工作人员
上海	女　23 岁　学生
北京	女　33 岁　时尚杂志编辑
陕西	男　33 岁　公务员
山东	男　28 岁　企业职员

微调查平台。微调查平台除了滚雪球抽样外,本研究还委托第三方调研机构——微调查发放问卷。微调查平台对回答者的回答有诸多限制,例如一个 IP 只能回答一次等。这就保证了不会存在一个人同时用多个账号进行回答的可能。同时,在问卷中设置了 3 道测谎题,用于剔除无效问卷。

激励机制。由于问卷题目较多,因此采取有偿回答的形式。微调查平台的有偿问卷为 10 元一份,由种子调查员发放的问卷则设置了红包,以 4 元每人的金额放到酬金池中,由系统抽奖决定回答者的中奖金额。

3. 样本以及问卷回收率

本次问卷是在线填答,研究者将问卷放在问卷星这一第三方网络调研平台上,并将链接发给各种子调查员,用滚雪球的方式搜集样本。时间为 2016 年 1 月 1 日至 2016 年 1 月 29 日。同时,本研究还委托微调查这一第三方网络调研机构,结合随机回答与定向推送两种方式搜集样本。时间为 2016 年 3 月 1 日至 2016 年 3 月 8 日。本研究抽样依据的是 2016 年 1 月发布的 CNNIC 调查报告,根据其中的人口变项作为样本回收的依据。本研究共回收问卷 1033 例,在去除无效问卷和重复填答后,共获得有效问卷数为995 例。其中,在性别、教育、年龄等指标上与 CNNIC 调查报告发布的数据基本接近。

为了保证研究的效度,故在样本回收后进行了样本无反应偏差检定。

4.无反应偏差检验:同质性检验

同质性检验的目的在于两群或多群样本之间的方差与次数分配(或可称为连续变量与类别变量)之间的差异。

同质性检验一般用于如下情形:

(1)比较早期回收的问卷和后期回收的问卷的人口统计量,这一般用于邮寄问卷的情形;

(2)当问卷回答者分为主动回答与被动回答两类时,为了确保两类群体的同质性,会用该统计方法进行同质性检验;

(3)当受访者中有相似但隶属于不同群体的情况出现时,需要用到同质性检验,例如当对传媒业进行调研时,记者、编导、摄像虽然均隶属于传媒业,但需要通过同质性检验,分析不同群体之间是否均可被看作同质的代表样本,即是否可以在最后数据分析过程中予以合并;

(4)当问卷依托不同的渠道进行搜集时,需要进行同质性检验。例如当同一问卷同时依托网络与纸质问卷两种形式进行发放时,就需要进行同质性检验。

如上文所说,本研究在抽样时依托了两个渠道,一方面依托微调查这一第三方调研平台发放问卷,另一方面则使用分布式滚雪球法依托种子调查员发放问卷,而且主要是基于问卷星调研平台发放问卷。本研究属于上述的第四种情况。因此,为了检验这两类群体是否可以合并,故将使用同质性检验进行检测,检测结果见表 2-16。

表 2-16 同质性检测

		问卷数		总数	同质性检验		
		问卷星	微调查		χ^2	df	P
性别	男性	231	213	444			
	女性	264	287	551	1.67	1	0.20
	总计	495	500	995			

续表

		问卷数		总数	同质性检验		
		问卷星	微调查		χ^2	df	P
年龄	10～19岁	141	120	261			
	20～29岁	227	231	458			
	30～39岁	68	69	137			
	40～49岁	54	69	123	6.11	5	0.30
	50～59岁	4	10	14			
	60岁及以上	1	1	2			
	总计	495	500	995			
教育程度	初中	9	17	26			
	高中、中专或技校	43	60	103			
	大专	46	57	103			
	本科	373	344	717	8.79	5	0.12
	硕士	24	21	45			
	博士及以上	0	1	1			
	总计	495	500	995			
户口类型	城镇户口	241	276	517			
	农村户口	254	224	478	4.23	1	0.04
	总计	495	500	995			

同质性检验结果如下：

在性别这一变量上，显著性 P 值为 0.20，不显著，因此两个发布渠道的问卷在性别这一变量上同质；

在年龄这一变量上，显著性 P 值为 0.30，不显著，因此两个发布渠道的问卷在年龄这一变量上同质；

在教育程度这一变量上，显著性 P 值为 0.12，不显著，因此两个发布渠道的问卷在教育这一变量上同质；

在户口类型这一变量上，显著性 P 值为 0.04，结果显著，因此两个发布渠道的问卷在户口类型这一变量上不同质，但是考虑到户口该变量并非控制变量，因此就这两群样本的合并而言，尚可接受。

因此,在上述变量中,两个发布渠道的问卷通过同质性检验,源于两个发布渠道的数据可以在最终的分析中予以合并。

5.无反应偏差检验:适配性检验

适配性检验的主要目的是了解样本是否具有代表性。因此,适配性检验背后的思想是用研究样本的比例与母体比例做比较。一般来说,适配性检验有一个前提,就是需要研究者事先了解母体的分布比例。例如在做社会网络分析之前,需要知道全国社交媒体用户的年龄比例。

根据上文所说,本研究以 CNNIC 最新一次报告的人口比例代表母体比例。根据 CNNIC 的网民结果报告,为了分析样本与母体的匹配性,故进行适配性分析,在实际调查中,人口样本变项与 CNNIC 用到的变项不尽相同,因此以一家 3~4 人的规模,就家庭月收入进行转化,结果见表 2-17。

表 2-17　适配性检验

家庭月收入/元	观察个数	期望个数	残差	χ^2	df	P
5000 及以下	271	269.7	1.3	7.418	3	0.06
5001~10000	383	362.7	20.3			
10001~20000	222	213.9	8.1			
高于 20000	119	148.8	−29.8			
总计	995					

综上,本研究所用到的样本与母体基本保持同质,因此可以用该样本代表母体。虽然最终在样本量上并未达到理论上的最优值 1067 例,但是考虑到二次抽样可能产生的误差,因此不再进行二次抽样,故最终决定以 995 例个案作为研究样本。关于最终样本回收的情况,请参见第三章的描述性统计部分。

6.样本结构

本节将对受访者的人口变量进行直观描述。

研究对象基本资料并组处理后的研究对象情况见表 2-18。

表 2-18　整理后样本分布

		次数	百分比/%	有效百分比/%	累积百分比/%
性别	男性	444	44.60	44.60	44.60
	女性	551	55.40	55.40	100.00
	总计	995	100.00	100.00	
年龄	20 岁以下	261	26.20	26.20	26.20
	20～29 岁	458	46.00	46.00	72.30
	30～39 岁	137	13.80	13.80	86.00
	40 岁及以上	139	14.00	14.00	100.00
	总计	995	100.00	100.00	
教育程度	高中、中专或技校及以下	129	13.00	13.00	13.00
	大专	103	10.40	10.40	23.30
	本科及以上	763	76.60	76.60	100.00
	总计	995	100.00	100.00	
家庭月收入	5000 元及以下	271	27.20	27.20	27.20
	5001～10000 元	383	38.50	38.50	65.70
	10001～20000 元	222	22.30	22.30	88.00
	高于 20000 元	119	12.00	12.00	100.00
	总计	995	100.00	100.00	
父亲学历	本科及以上	159	16.00	16.00	16.00
	大专	114	11.50	11.50	27.40
	高中	322	32.40	32.40	59.80
	初中	282	28.20	28.20	88.10
	小学	118	11.90	11.90	100.00
	总计	995	100.00	100.00	
母亲学历	本科及以上	88	8.80	8.80	8.80
	大专	119	12.00	12.00	20.80
	高中	278	27.90	27.90	48.70
	初中	313	31.50	31.50	80.20
	小学	197	19.80	19.80	100.00
	总计	995	100.00	100.00	

		次数	百分比/%	有效百分比/%	累积百分比/%
居住地区	中国东南沿海	558	56.10	56.10	56.10
	中国东部沿海	111	11.20	11.20	67.20
	中国北部沿海	25	2.50	2.50	69.70
	中国东北	60	6.00	6.00	75.80
	中国北部	84	8.40	8.40	84.20
	中国西部	51	5.10	5.10	89.30
	华中地区	106	10.70	10.70	100.00
	总计	995	100.00	100.00	
户口类型	城镇户口	517	52.00	52.00	52.00
	农村户口	478	48.00	48.00	100.00
	总计	995	100.00	100.00	
职业	学生	533	53.60	53.60	53.60
	生产人员	38	3.80	3.80	57.40
	销售人员	72	7.20	7.20	64.60
	市场或公关人员	10	1.00	1.00	65.60
	客服、行政、后勤人员	26	2.60	2.60	68.20
	人力资源	23	2.30	2.30	70.60
	财务或审计	37	3.70	3.70	74.30
	技术或研发	52	5.20	5.20	79.50
	管理	73	7.30	7.30	86.80
	教师	22	2.20	2.20	89.00
	顾问或咨询	7	0.70	0.70	89.70
	专业人士(如律师、建筑师、记者、医护人员等)	41	4.10	4.10	93.90
	其他	61	6.10	6.10	100.00
	总计	995	100.00	100.00	

根据修正后的表格：

(1)根据百分比报告,各变量不存在缺失值;

(2)并未出现异常的赋值,因此不存在建档错误;

(3)根据上表,在各变量上,符合最大与最小样本数相差不超过 4 倍这一指标。

因此,该样本分布符合后期的组间方差比较或回归分析的前提。

二、问卷设计

本节将对问卷各构面的题项进行初步分析。

为了对测量工具进行检验,本研究主要使用了因子分析与信度分析两种方法。其中因子分析又具体用到了探索式因子分析与主成分因子分析。探索式因子分析以因素负荷>0.6,交叉负荷<0.4为指标;主成分因子分析以因子载荷>0.6为指标。信度分析以 $\alpha>0.7$,题目之间的相关>0.3,修正后总相关>0.5为指标。将构面中不符合上述指标的题项删除,最终保留于构面中的题项如下:

(一)孤独量表描述性统计

通过对孤独感测度指标的质量进行最后控制,本研究采用了描述性统计的方法就被试在各变量的回答上予以直观呈现,并根据如下指标就这些变量进行整体的分析:

(1)如果是 5 级李克特量表,且均值>4或<2,或 7 级李克特量表,且均值>6或<2,则意味着该尺度过于集中,此题应予以删除;

(2)如果均值、众数与中位数接近,则表示该变量所对应的数据符合正态分布;

(3)如果方差太小,表示尺度过于集中,则意味着该题项应该删除;

(4)从最小值与最大值,可以看出数据是否有输入错误;

(5)如果偏态绝对值<1,峰度绝对值<7,则意味着符合单变量正态分布。

各构面题项描述性统计如表 2-19 所示。

表 2-19 问卷题目描述性统计

题项	个数	最小值	最大值	平均数	标准差	偏态	峰度
SL1 周围的很多人都像是陌生人	995	1	5	3.03	1.06	−0.17	−0.65
SL3 我对自己的社交圈子并不满意	995	1	5	2.99	1.08	−0.07	−0.75
EL1 很久我都没有感觉有和自己关系亲密的人了	995	1	5	3.13	1.17	−0.23	−0.82

题设	个数	最小值	最大值	平均数	标准差	偏态	峰度
EL2 我缺少一种能让我感到自己被理解的社会关系	995	1	5	3.12	1.08	-0.30	-0.55
PEERL1 我觉得自己的朋友比别人的少	995	1	5	2.72	1.09	0.15	-0.72
PEERL2 我感觉在自己和别人之间有种疏离感	995	1	5	2.63	1.03	0.18	-0.59
PEERL3 在学校、单位的时候我感到孤单	995	1	5	2.43	1.03	0.36	-0.44
PRTL1 我感觉父母会忽略我的存在	995	1	5	1.98	1.04	0.88	0.06
PRTL2 我觉得很难和父母交流	995	1	5	2.15	1.07	0.62	-0.37
PRTL3 我怀疑父母是否真的爱我	995	1	5	1.79	1.00	1.08	0.35
UCLA1 在我需要帮助时,没有人帮助我	995	1	4	2.10	0.80	0.08	-0.91
UCLA2 我缺少伙伴	995	1	4	2.07	0.84	0.18	-0.96
UCLA4 我感到被人冷落	995	1	4	2.17	0.80	0.01	-0.85
UCLA5 我感到自己与别人隔离了起来	995	1	4	2.03	0.83	0.25	-0.87

综上:

(1)没有量表均值>4 或<2,因此,各量表尺度合适;

(2)根据均值、众数与中位数分析,各变量的数据基本接近,所以各变量对应的数据符合正态分布;

(3)各变量方差合适,因此,各量表尺度适合;

(4)从最小值与最大值上,并未发现异常值出现,因此数据不存在输入错误;

(5)各变量的偏态绝对值<1,峰度绝对值<7,符合单变量正态分布这一原则。

(二)孤独量表探索式因子分析

因子分析可以分为探索式因子分析与验证式因子分析两类。

探索式因子分析(exploratory factor analysis,EFA)一般用于如下情形:

(1)因子个数不明;

(2)构面名称未知;

(3)问卷发展;

(4)特殊应用量表。

验证式因子分析(confirmatory factor analysis,CFA)一般用于如下情形:

(1)因子个数已知;

(2)构面名称已知;

(3)理论应用。

因子分析在本研究中,主要用于问卷构面题目的筛选,用探索性因子分析对各问卷的区别效度与收敛效度加以检验。

筛选的原则如下:

(1)删除与预设构面不同的题目;

(2)删除因素负荷过低的题目(因素负荷 factor loading >0.6);

(3)删除交叉负荷过高的题目(交叉负荷 cross loading>0.4)。

旋转后成分矩阵如表 2-20 所示。

表 2-20　旋转后成分矩阵

题项	因素				
	1	2	3	4	5
UCLA1 在我需要帮助时,没有人帮助我	0.835				
UCLA2 我缺少伙伴	0.792				
UCLA4 我感到被人冷落	0.791				
UCLA5 我感到自己与别人隔离了起来	0.688				
PRTL3 我怀疑父母是否真的爱我		0.895			
PRTL1 我感觉父母会忽略我的存在		0.873			
PRTL2 我觉得很难和父母交流		0.836			
PEERL1 我觉得自己的朋友比别人的少			0.848		
PEERL2 我感觉在自己和别人之间有种疏离感			0.807		
PEERL3 在学校、单位的时候我感到孤单			0.611		

续表

题项	因素				
	1	2	3	4	5
SL1 周围的很多人都像是陌生人				0.909	
SL3 我对自己的社交圈子并不满意				0.829	
EL1 很久我都没有感觉有和自己关系亲密的人了					0.595
EL2 我缺少一种能让我感到自己被理解的社会关系					0.886

提取方法：主成分分析。旋转方法：Kaiser 标准化最大方差法。

a. 旋转在 6 次迭代后已收敛。

由此可见，各孤独量表有较好的区分效度。

（三）UCLA 孤独量表

为考验因素之稳定性与内在效度，就问卷进行因素分析与信度分析。基于因素分析的 KMO、因素负荷以及信度分析中的内部一致性、题目之间的相关性和修正的项目相关为指标，就量表的效度与信度进行测量，在对问卷进行调整后，获得题项的 KMO 值为 0.826，大于 0.8，因此适合进行因素分析。经由因素分析，各题项因素负荷大于 0.6，因此各题项有较好的收敛效度。以特征值 1.0 得出一个因素，可解释总变异量为 73.1%。

经由信度分析，内部一致性系数 α 为 0.88，大于 0.7，因此各题项之间的内部一致性较高，题目之间的相关大于 0.3，修正后的项目相关大于 0.5，如表 2-21、表 2-22 所示。

表 2-21　UCLA 孤独量表因素分析

题项	因素负荷
UCLA1 在我需要帮助时，没有人帮助我	0.69
UCLA2 我缺少伙伴	0.74
UCLA4 我感到被人冷落	0.77
UCLA5 我感到自己与别人隔离了起来	0.72

表 2-22 UCLA 孤独量表项间相关性矩阵

	项间相关性矩阵				信度	
	UCLA1	UCLA2	UCLA4	UCLA5	修正后的项目总相关	α
UCLA1	1.00				0.70	0.88
UCLA2	0.65	1.00			0.75	
UCLA4	0.63	0.67	1.00		0.77	
UCLA5	0.58	0.63	0.70	1.00	0.73	

(四)社会孤独量表

为考验因素之稳定性与内在效度,就问卷进行因素分析与信度分析。基于因素分析的因素负荷以及信度分析中的内部一致性、题目之间的相关性和修正的项目相关为指标,就量表的效度与信度进行测量,在对问卷进行调整后,经由因素分析,各题项因素负荷大于0.6,因此各题项有较好的收敛效度。以特征值1.0得出一个因素,可解释总变异量为81.3%。

经由信度分析,内部一致性系数 α 为0.77,大于0.7,因此各题项之间的内部一致性较高,题目之间的相关大于0.3,修正后的项目相关大于0.5,如表2-23、表2-24所示,因此问卷整体有较好的可靠度。

表 2-23 社会孤独量表因素分析

题设	因素负荷
SL1 周围的很多人都像是陌生人	0.81
SL3 我对自己的社交圈子并不满意	0.81

表 2-24 社会孤独量表项间相关性矩阵

	项间相关性矩阵		信度	
	SL1	SL3	修正后的项目总相关	α
SL1	1.00		0.63	0.77
SL3	0.63	1.00	0.63	

(五)情感孤独量表

为考验因素之稳定性与内在效度,就问卷进行因素分析与信度分析。基于因素分析的因素负荷以及信度分析中的内部一致性、题目之间的相关性和修正的项目相关为指标,就量表的效度与信度进行测量,在对问卷进行调整后,经由因素分析,各题项因素负荷大于0.6,因此各题项有较好的收敛效度。以特征值1.0得出一个因素,可解释总变异量为78.8%。

经由信度分析,内部一致性系数 α 为0.73,大于0.7,因此各题项之间的内部一致性较高,题目之间的相关大于0.3,修正后的项目相关大于0.5,如表2-25、表2-26所示,因此问卷整体有较好的可靠度。

表 2-25　情感孤独量表因素分析

题项	因素负荷
EL1 很久我都没有感觉有和自己关系亲密的人了	0.79
EL2 我缺少一种能让我感到自己被理解的社会关系	0.79

表 2-26　情感孤独量表项间相关性矩阵

	项间相关性矩阵		信度	
	EL1	EL2	修正后的项目总相关	α
EL1	1.00		0.58	0.73
EL2	0.58	1.00	0.58	

(六)父母孤独量表

为考验因素之稳定性与内在效度,就问卷进行因素分析与信度分析。基于因素分析的 KMO、因素负荷以及信度分析中的内部一致性、题目之间的相关性和修正的项目相关为指标,就量表的效度与信度进行测量,在对问卷进行调整后,获得题项的 KMO 值为0.75,接近于0.8,因此适合进行因素分析。经由因素分析,各题项因素负荷大于0.6,因此各题项有较好的收敛效度。以特征值1.0得出一个因素,可解释总变异量为82.8%。

经由信度分析,内部一致性系数 α 为0.90,大于0.7,因此各题项之间的内部一致性较高,题目之间的相关大于0.3,修正后的项目相关大于0.5,如表2-27、表2-28所示,因此问卷整体有较好的可靠度。

表 2-27　父母孤独量表因素分析

题项	因素负荷
PRTL1 我感觉父母会忽略我的存在	0.84
PRTL2 我觉得很难和父母交流	0.80
PRTL3 我怀疑父母是否真的爱我	0.85

表 2-28　父母孤独量表项间相关性矩阵

	项间相关性矩阵			信度	
	PRTL1	PRTL2	PRTL3	修正后的项目总相关	α
PRTL1	1.00			0.80	0.90
PRTL2	0.72	1.00		0.77	
PRTL3	0.78	0.73	1.00	0.81	

(七)同辈孤独量表

为考验因素之稳定性与内在效度,就问卷进行因素分析与信度分析。基于因素分析的 KMO、因素负荷以及信度分析中的内部一致性、题目之间的相关性和修正的项目相关为指标,就量表的效度与信度进行测量,在对问卷进行调整后,获得题项的 KMO 值为 0.709,在 0.8 左右,因此适合进行因素分析。经由因素分析,各题项因素负荷大于 0.6,因此各题项有较好的收敛效度。以特征值 1.0 得出一个因素,可解释总变异量为 76.0%。

经由信度分析,内部一致性系数 α 为 0.84,大于 0.7,因此各题项之间的内部一致性较高,题目之间的相关大于 0.3,修正后的项目相关大于 0.5,如表 2-29、表 2-30 所示,因此问卷整体有较好的可靠度。

表 2-29　同辈孤独量表因素分析

题项	因素负荷
PEERL1 我觉得自己的朋友比别人的少	0.74
PEERL2 我感觉在自己和别人之间有种疏离感	0.82
PEERL3 在学校、单位的时候我感到孤单	0.72

表 2-30　同辈孤独量表项间相关性矩阵

	项间相关性矩阵			信度	
	PEERL1	PEERL2	PEERL3	修正后的项目总相关	α
PEERL1	1.00			0.69	0.84
PEERL2	0.69	1.00		0.76	
PEERL3	0.57	0.66	1.00	0.67	

三、统计分析

本研究主要用到分层回归、中介分析及聚类分析三种统计方法。

（一）分层回归

对社会网络、自我传播网络与孤独感这三个变量之间的关系通过多元回归或分层回归法予以建模。

（二）中介分析

为了验证社会网络、自我传播网络与孤独感这三个变量之间的中介关系，将基于多次阶层回归予以检验，并将通过 Sobel 检验，对中介效应进行分析。

（三）聚类分析

用于分析中国大陆网络化个体的媒介使用类型。

四、深度访谈法

深度访谈是为了挖掘数据背后的个体生活体验。本研究之所以选择一对一的深度访谈而不是焦点访谈，原因在于孤独感以及个体的社会关系都是较为敏感的话题，为了能够让个体更好地表露自己的内心想法，故采用一对一的深度访谈方式。

本研究进行深度访谈的时间节点包括两个：第一个时间节点是，在阅读和网络化个人主义相关文献的同时，通过深度访谈，了解对现代人而言，不同类型的媒介是如何嵌入个体的社会生活之中的，对个体的社会心理可能产生什么样的影响；第二个时间节点是，在讨论部分，根据量化部分所呈现的因果机制，根据深度访谈的结果，就因果机制进行进一步的阐释。

（一）研究对象说明

深度访谈对象的选择，关键并不是是否有外推的可能，而是所选择的对象是否有偏。最基本的原则是，只要能够提供研究所需相关信息的人群，就可成为访谈的对象。在抽样上，由于现代人基本上都会使用各种类型的交流媒介，因此，关键考虑的是样本均匀性的问题，如地域、性别、年龄和职业等。

为了方便参与深度访谈的对象，我们将时间定在了工作日或周末的晚上 8 点之后，通过电话或面对面的方式，进行一对一的深度访谈。

出于对访谈者隐私的保护，文中仅显示被访者名字的首字母。

（二）深度访谈的执行与主要讨论的问题

深度访谈，往往需要在执行前明确自己想要与之进行交流的议题。每次深度访谈时间控制在 10～15 分钟。深度访谈的提纲见表 2-31。

表 2-31 深度访谈提纲

时间/分钟	议题	讨论目的
1	议题引入与自我介绍	引入访谈议题,并征得访谈者同意
2	孤独感体验	了解被访者对于孤独感的体验和认知
3~6	社会关系与孤独感	了解对被访者而言,重要的关系类型以及在感到孤独的时候,关系起到的不同功能与作用
3~5	传播网络与社会关系的维系	了解被访者如何用不同类型的传播媒介维系社会关系,并探悉不同类型的传播媒介在维系社会关系、减少孤独感方面是否存在不同的作用
1	总结	总结、确认被访者的核心思想

本研究首先确定研究的动机、目的与定位,基于现有的文献形成问卷以测量被调查者的孤独感、社会网络以及传播网络中的网络资本,问卷在正式发布前进行过试测,在正式发布问卷后通过数据分析,就被试的社会网络、传播网络中的网络资本与孤独感之间的关联性进行分析。整体研究流程如图 2-3 所示。

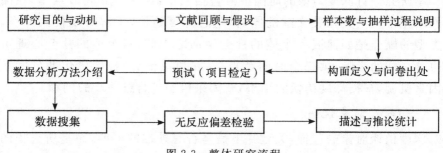

图 2-3 整体研究流程

第三章 社会网络对五种孤独的影响

第一节 社会资本,抑制孤独感的社会原因

社会资本这一概念有不同的概念化方式,其共同点在于均强调社会关系可以给个体带来利益。社会学研究中,对社会资本有不同的概念化方式。布尔迪厄将社会资本这一概念用于解释社会中的不公平是如何产生的[88]。社会关系在这个路数的研究中,被用于解释不同社会地位中的人如何从他们认识的人那里获得各种利益[89]。布尔迪厄主要关注的是不同社会阶层之间的垂直社会关系。普特南则更多的是从各社会阶层内部来界定社会关系给阶层内的个体所带来的好处,社会资本可以在社区这个层面,也可以在个体这个层面[90]。社会层面的社会资本被界定为正式社会资本(组织成员身份以及组织参与)与非正式的社会资本(与社会中邻居的交往等)。普特南在《独自打保龄球》一书中指出,非正式的社会资本随着社会的发展,在逐渐衰退[91]。威尔曼等人延续普特南对于社会资本的界定,把社会资本分为参与式社会资本以及网络化社会资本[92],并进一步将态度(例如人际信任、社会归属感)的维度放入社会资本这个概念下[93]。尽管对于社会资本的界定是多样的,但是,这些界定往往有两个共同点:(1)关注人与人之间的社会关系;(2)关注社会关系所能带来的切实利益(诸如社会支持、陪伴、向社会上层的流动)。

社会资本可分为两种,一种是桥接(bridging)社会资本,一种是粘连

(bounding)社会资本。桥接社会资本最常见的是各种类型的志愿者组织,因为这些组织的建立前提就是信任与合作[94]。社会资本的生产是去阶层化的,由于这种类型的交往形态的存在,桥接社会资本能够使个体获得源自不同类型社会关系带来的好处。因此在这些组织中,不同背景的人可以交换彼此的经历以及对世界的看法。同样,那些求职成功者往往是那些桥接社会资本较强的人。桥接社会资本源自弱关系,为我们提供了信息资源以及可供替换的世界观[95],因此,当有需要时,桥接社会资本可以从那些弱关系中生产出来。尽管桥接社会资本往往包含着大量的社会关系,但是并不能提供深层次的情感支持[96]。而粘连社会资本与功利导向的桥接社会资本有所不同,它可以为个体提供深层次的社会支持与情感支持。

社会资本所带来的利益对于个体心理与幸福感而言有很重要的作用。社会关系之所以会带来诸多的影响,是由于社会关系与归属感联系在一起[74]。有研究指出,良好的社会关系对人们的精神、身体健康有着十分重要的作用,因此人们会有与他人进行联系的动机[97]。而当理想的社会关系无法获得的时候,人们就有可能面临较高的生病或情绪失控的风险。在涂尔干的著作《论自杀》中,涂尔干曾指出,现代人自杀的重要原因之一是理想社会关系的缺失[75]。

本研究对社会资本的界定是从水平、个体入手的,将社会资本看作一种可以给个体带来益处的社会资源,指的是个体从自身的社会网络中获得的资源与帮助。对于现代人而言,他们以自我为中心建立自己的社会关系,威尔曼将其称为"网络化个人主义",个体通过与社会网络中不同类型社会关系的交往获得自己所需的资源。

第二节   社会网络如何为抑制孤独感提供资源

社会网络分析一般有两种形式:整体网络分析与自网络分析。整体网络分析一般会设定一个封闭的群体边界;与之相反,自网络强调的是以个体为单位的个人所拥有的社会关系。自网络往往用于测量现代人的个人网络。

如前文所述,本研究的社会网络特指个人网络。人是社会的动物,我们从社会关系中获取各种资源,社会网络为个体提供了各种类型的潜在或显性利益的资源[81]。

社会网络所提供的诸多资源对个体的社会心理存在影响。有许多研究指出,社会网络能为现代人提供社会资源[81]。而这些社会资源之所以重要,是由于个体会对其所拥有的社会网络中的社会关系进行评价,进而影响个体的社会心理,例如个体所感知到的社会支持或孤独。社会网络的状况之所以会影响个体的社会心理,是由于每个人都会就其社会关系状况进行评价。

第三节　孤独感是多维度的

社会网络分析从社会关系结构对个体的行为与心理进行了阐释。有别于传统心理学或媒介研究将个体看作孤立的个体,社会网络分析强调的是个体所拥有的社会关系结构对于个体行为、心理的影响。社会网络从习惯与认知两个层面影响着处于其中的个体。

有学者指出,社会网络通过两个重要维度——习惯与认知,对处于其中的个体产生作用。习惯层面强调的是个体会根据其自身的社会网络特征,使用媒介化或非媒介化的形式与这些社会关系勾连在一起。而认知维度强调的是个体对现有社会关系的认知,包括感受到的亲密程度、以往社会关系的记忆、对这段社会关系的认识[98]。

孤独感是人类的普遍体验,本研究将该概念放在现代性背景之下,以着重分析社会网络与自我传播网络使用对现代人孤独感的影响。这种体验与我们的社会网络相关。本研究中将孤独感概念化为社会网络中社会关系缺失所出现的负面体验。这一界定延续了现有将社会网络和孤独感之间的关联展开分析的研究[65]。同时,孤独感亦是一种多维度的体验,也就是说,我们每个人都会体验到不同类型的孤独感。举例而言,当我们对自己的社会关系不满时,对应的是社会孤独,而对自己的情感关系不满时,对应的则是情感孤独。当然,不同类型的社会关系也对应着不同类型的孤独感。举例而言,家人关系往往对应的是父母孤独,而好友、同辈关系往往对应的是同辈孤独。学者 Paulau 指出,需要对现代人多维度的孤独感体验进行研究。

社会网络结构影响着不同维度的孤独感。社会网络并不是随机生成的,往往取决于个体的社会位置以及在人际联系网络中的关系选择[73],因此社会网络对每个人来说都是较为固定的。那些与我们直接关联的社会关系将对我们的情感、认知、习惯、健康产生重要的影响[87]。同时,由于这些与我们直接相关的社会关系的特点、功能以及可能给我们带来的好处都各有不同[99],其社会网络例如社会网络中的关系数量、强度以及关系的特点的不同,可能会导致每个人所体验到的孤独感各不相同,而这个思路与生态系统理论的观点是一致的。事实上,生态系统理论为分析不同维度的社会关系与不同维度心理之间的对应关系,提供了一个很好的视角[100]。

生态系统理论指出,个体的社会互动是嵌套在一个系统之中的,个体所处的不同微观生态系统中的社会关系,将对同一种社会心理的不同维度产生影响。

第四节 从生态系统分析多维孤独感的成因

生态系统理论指出,个体与其周遭环境之间的互动可以分为不同的层面[101],包括微观系统、中观系统、超系统、宏观系统等层面。微观系统是与我们联系最为紧密的,是发展中的个体直接参与的情境。在该情境中,包含着对我们而言至关重要的地方与角色,这些地方包括家庭、学校、工作场所,而与我们互动的角色包括家人、同辈、教师。中观系统指的是微观系统之间的联系,由于个体处于不同发展阶段的时候,所接触到的微观系统不同,因此也就会有不同的中观系统,中观系统就是微观系统的系统。超系统是中观系统的延伸,对个体的发展有一定的影响,它包括社会大众媒介、政府以及非正式的社会网络等。在最外层的是宏观系统,这个系统包括社会、法律、教育以及文化等因素。简而言之,生态系统模型的一个核心思想是个体存在于动态、多系统的社会关系之中。

微观系统对个体的心理发展而言最为重要,而不同微观社会环境中的社会关系状况,将对个体的心理产生不同面向的影响。有学者指出,社会关系毋庸置疑能为我们提供工具性(例如就业信息)支持和表达性(例如情感支持)资源。不同的社会关系在满足我们的需要时会有不同的功能[102]。学者围绕社会关系与个体心理展开了诸多研究。他们发现,有些社会关系更强,更容易获得,所花成本更少[99]。

对社会网络中不同类型的社会关系与幸福感之间的关系而言,不同类型的社会关系对于个体的幸福感有重要影响。强关系常常由那些重要的角色构成,例如家人、亲密朋友等,这些群体的网络规模往往不大,但是有较高的密度和趋同度,会对我们的幸福感有很大的影响。普特南指出,强社会关系,对于流动中的个体有着很重要的作用,提供给我们重要的社会、心理支持[91]。弱关系其广度更大,包含着很多有用的资源[103],弱关系往往与工具性目的联系在一起,对我们的一些实用性事物有着重要作用,例如找工作或找政治上的联盟,或者积累桥接社会资本。有研究指出,工具性的利益将提升个体的幸福感,例如提升个体的社会或经济地位[104]。社会网络的其他面向也会影响个体的幸福感。有学者指出,个体的社会关系网络越广,越有可能获得幸福感[105]。

就社会网络中不同类型的社会关系与孤独感而言,社会网络能为现代人提供社会资源[81],从而有可能使人们获得社会支持,减少孤独感。有研究者指出,社会关系的结构并不是随机生成的,往往取决于个体的社会位置以及在人际联系网络中的关系选择[73]。这些与我们直接相关的社会关系在他们的特点、功能以及可能给我们带来的好处上都各有不同。恰如生态系统理论所指出的,不同微观生态环境中的社会关系对孤独感可能会有不同面向的影响。

有研究以生态系统理论为导引,通过对青少年在学校、社区、家庭等不同微观社会情境中的社会关系认知与不同维度的孤独感之间的关系展开分析,发现对青少年而言,个体对不同微观社会环境中关系的认知与个体多维度的孤独感存在显著相关性。基于此,研究者指出,对于个体发展而言,不同的微观社会环境中的社会互动有着十分重要的作用[106]。可见,那些与我们直接关联的社会关系将对我们的情感、认知、习惯、健康产生重要的影响[87]。

在我们的社会网络中,有着不同的社会角色,例如家人、邻居、朋友等等,他们或多或少都会在我们需要的时候提供社会支持[107-108]。每个人的社会网络都是特殊的,往往不同网络中的成员提供不同类型的帮助。有研究指出,配偶可以提供多种类型的社会支持。朋友则会提供社会陪伴并提供自己情感倾诉的渠道。而就物理距离上而言,可能离我们最近的邻居、同事可以提供各种使生活方便的帮助,从而可以让我们从容地应付生活中的各种突发事件。父母、成年后的孩子和自己的姻亲则会提供情感支持与其他各种类型的支持与援助。有研究指出,在北美,人们一般都会通过提名法指出个人网络中的15~19名网络成员,这些成员会在10多个方面提供个体所需的帮助与支持[109]。从这个意义上看,有两点是值得注意的,一个是将社会网络中的关系看作减少现代人孤独感的资源,一个是可以将社会关系分为不同的类型。

总之，社会网络为现代人提供各类资源，同时社会网络有其认知的面向，我们每个人都会对自己所处社会网络中的关系进行评价，当社会网络所提供的资源缺失时，会出现诸多的负面情绪或体验，也正是在这个意义上社会网络会与幸福感[66]、抑郁[110]等心理指标联系在一起。在社会网络研究传统中，孤独感被界定为是社会网络中个体所需的关系资源缺失所引发的负面体验。同时，孤独感是一种多维度的体验，社交网络是由不同类型的社会关系构成的，而不同类型关系的缺失可能会导致不同类型的孤独体验。

综上，本研究提出假设 H1：个体社会网络的构成对不同维度的孤独感有着显著影响。具体而言为以下几点：

H1a：个体社会网络的社会关系规模及特征对 UCLA 孤独有显著影响。

H1b：个体社会网络的社会关系规模及特征对社会孤独有显著影响。

H1c：个体社会网络的社会关系规模及特征对情感孤独有显著影响。

H1d：个体社会网络的家人社会关系规模对父母孤独有显著影响。

H1e：个体社会网络的同辈社会关系规模对同辈孤独有显著影响。

第五节 社会网络与五种孤独的回归分析

在本分析中，将就社会网络的规模、特征与 UCLA 孤独、社会孤独、情感孤独、父母孤独、同辈孤独进行多元回归分析，回归分析结果如表 3-1 至表 3-5 所示。

表 3-1 社会网络与 UCLA 孤独回归分析

	常量	教育	性别	年龄	$b1$	允差	VIF	调整后的 R^2	F	D-W
强关系	2.686	−0.083	−0.004	−0.008	−0.070****	0.956	1.046	0.047	13.286	1.946
弱关系	2.476	−0.065	0.004	−0.017	−0.041	0.979	1.022	0.023	6.830	1.919
熟悉度	2.547	−0.055	0.024	−0.024	−0.084****	0.997	1.003	0.018	5.489	1.928
距离	2.343	−0.063	0.021	−0.024	−0.021	0.984	1.016	0.003	1.861	1.916
教育接近度	2.266	−0.060	0.026	−0.029	0.010	0.963	1.038	0.001	1.336	1.915
年龄接近度	2.441	−0.065	0.019	−0.025	−0.041*	0.989	1.011	0.005	2.275	1.909

续表

	常量	教育	性别	年龄	b1	允差	VIF	调整后的 R^2	F	D-W
性别接近度	2.301	−0.060	0.024	−0.027	−0.003	0.965	1.036	0.001	1.282	1.913
民族接近度	2.207	−0.075	0.034	−0.021	−0.057***	0.951	1.051	0.008	3.076	1.903

备注:* $P<0.1$,** $P<0.05$,*** $P<0.01$,**** $P<0.001$。

社会网络与 UCLA 回归分析结果显示,八个模型中的 D-W(Durbin-Watson)分别为 1.946,1.919,1.928,1.916,1.915,1.909,1.913,1.903,D-W 数值在 2 左右,说明数据符合样本独立。各个模型的预测变量 $VIF<5$,说明在各模型中,预测变量与控制变量之间不存在共线性问题。

表 3-1 就回归模型的结果进行了总结。在控制人口变量之后:

变项强关系($\beta=-0.070,P<0.001$),熟悉度($\beta=-0.084,P<0.001$),民族接近度($\beta=0.057,P<0.01$)对 UCLA 孤独影响显著。这意味着,拥有同质的社会关系网络与 UCLA 孤独之间存在显著的负向影响。

因此,H1a 个体社会网络的社会关系规模及特征对 UCLA 孤独有显著影响得到支持。

表 3-2 社会网络与社会孤独回归分析

	常量	教育	性别	年龄	b1	允差	VIF	调整后的 R^2	F	D-W
强关系	3.647	−0.174	−0.045	−0.052	−0.072****	0.956	1.046	0.042	11.729	1.907
弱关系	3.431	−0.159	−0.041	−0.064	−0.037***	0.979	1.022	0.025	7.449	1.893
熟悉度	3.381	−0.153	−0.019	−0.071	−0.040*	0.997	1.003	0.016	5.149	1.877
距离	3.286	−0.157	−0.020	−0.071	−0.010	0.984	1.016	0.016	4.678	1.878
教育接近度	3.431	−0.159	−0.041	−0.064	−0.037	0.963	1.038	0.025	7.449	1.893
年龄接近度	3.381	−0.153	−0.019	−0.071	−0.040	0.989	1.011	0.016	5.149	1.877
性别接近度	3.286	−0.157	−0.020	−0.071	−0.010	0.965	1.036	0.015	4.678	1.878
民族接近度	3.203	−0.165	−0.012	−0.069	0.038	0.951	1.051	0.016	5.064	1.875

备注:* $P<0.1$,** $P<0.05$,*** $P<0.01$,**** $P<0.001$。

社会网络与社会孤独回归分析结果显示,八个模型中的 D-W 分别为 1.907,1.893,1.877,1.878,1.893,1.877,1.878,1.875,D-W 数值在 2 左右,说明数据符合样本独立。各个模型的预测变量 $VIF<5$,说明在各模型中,预测变量与控制变量之间不存在共线性问题。

表 3-2 就回归模型的结果进行了总结。在控制人口变量之后，变项强关系（$\beta=-0.072,P<0.001$），弱关系（$\beta=-0.037,P<0.01$），熟悉度（$\beta=-0.040,P<0.1$），对社会孤独有负向显著影响。同质的社会关系网络与社会孤独存在显著负向影响。

因此，H1b 个体社会网络的社会关系规模及特征对社会孤独有显著影响得到支持。

表 3-3　社会网络与情感孤独回归分析

	常量	教育	性别	年龄	$b1$	允差	VIF	调整后的 R^2	F	D-W
强关系	3.770	−0.146	−0.187	−0.101	−0.089****	0.956	1.046	0.065	18.265	1.853
弱关系	3.559	−0.130	−0.179	−0.108	−0.062****	0.979	1.022	0.052	14.624	1.853
熟悉度	3.526	−0.120	−0.150	−0.121	−0.079***	0.997	1.003	0.032	9.164	1.833
距离	3.397	−0.129	−0.160	−0.117	−0.046**	0.984	1.016	0.029	8.530	1.835
教育接近度	3.419	−0.127	−0.155	−0.114	−0.048	0.963	1.038	0.027	7.829	1.829
年龄接近度	3.533	−0.132	−0.159	−0.121	−0.069***	0.989	1.011	0.030	8.611	1.834
性别接近度	3.327	−0.125	−0.154	−0.123	−0.014	0.965	1.036	0.024	7.019	1.837
民族接近度	3.119	−0.154	−0.132	−0.112	0.114****	0.951	1.051	0.040	11.252	1.836

备注：* $P<0.1$，** $P<0.05$，*** $P<0.01$，**** $P<0.001$。

社会网络与情感孤独回归分析结果显示，八个模型中的 D-W 分别为 1.853,1.853,1.833,1.835,1.829,1.834,1.837,1.836,D-W 数值在 2 左右，说明数据符合样本独立。各个模型的预测变量 $VIF<5$，说明在各模型中，预测变量与控制变量之间不存在共线性问题。

表 3-3 就回归模型的结果进行了总结。在控制人口变量之后，变项强关系（$\beta=-0.089,P<0.001$），弱关系（$\beta=-0.062,P<0.001$），熟悉度（$\beta=-0.079,P<0.01$），重要社会关系距离（$\beta=-0.046,P<0.05$），年龄接近度（$\beta=-0.069,P<0.01$），民族接近度（$\beta=0.114,P<0.001$）对情感孤独有负向显著影响。这意味着，拥有同质的社会关系网络与情感孤独之间存在显著的负向影响。

因此，H1c 个体社会网络的社会关系规模及特征对情感孤独感有显著影响得到支持。

表 3-4 社会网络与父母孤独回归分析

	常量	教育	性别	年龄	b1	允差	VIF	调整后的 R^2	F	D-W
强关系	2.686	0.014	−0.123	−0.122	−0.146****	0.960	1.042	0.044	12.448	1.793
弱关系	2.455	0.028	−0.105	−0.138	−0.073****	0.989	1.011	0.028	8.261	1.795
熟悉度	2.578	0.045	−0.101	−0.138	−0.112****	0.997	1.003	0.038	10.684	1.801
距离	2.358	0.034	−0.113	−0.137	−0.051***	0.984	1.016	0.028	8.247	1.794
教育接近度	2.168	0.039	−0.098	−0.149	0.025	0.963	1.038	0.022	6.576	1.786
年龄接近度	2.325	0.036	−0.104	−0.142	−0.024	0.989	1.011	0.022	6.550	1.778
性别接近度	2.153	0.039	−0.090	−0.145	0.030	0.965	1.036	0.022	6.583	1.778
民族接近度	2.014	−0.001	−0.077	−0.127	0.150	0.951	1.051	0.048	13.592	1.785

备注: $^*P<0.1$, $^{**}P<0.05$, $^{***}P<0.01$, $^{****}P<0.001$。

　　社会网络与父母孤独回归分析结果显示,八个模型中的 D-W 分别为 1.793,1.795,1.801,1.794,1.786,1.778,1.778,1.785,D-W 数值在 2 左右,说明数据符合样本独立。各个模型的预测变量 VIF<5,说明在各模型中,预测变量与控制变量之间不存在共线性问题。

　　表 3-4 就回归模型的结果进行了总结。在控制人口变量之后,变项家人强关系($\beta=-0.146,P<0.001$)与家人弱关系($\beta=-0.073,P<0.001$)与父母孤独存在显著负向影响。

　　因此,H1d 个体社会网络的家人社会关系规模对父母孤独有显著影响得到支持。

表 3-5 社会网络与同辈孤独回归分析

	常量	教育	性别	年龄	b1	允差	VIF	调整后的 R^2	F	D-W
强关系	3.414	−0.161	0.051	−0.023	−0.106****	0.964	1.038	0.058	16.431	1.896
弱关系	3.149	−0.140	0.080	−0.037	−0.038****	0.964	1.038	0.023	6.932	1.887
熟悉度	3.263	−0.134	0.096	−0.044	−0.084***	0.997	1.003	0.022	6.675	1.885
距离	3.074	−0.142	0.091	−0.044	−0.027	0.984	1.016	0.019	4.777	1.879
教育接近度	2.957	−0.138	0.099	−0.052	0.019	0.963	1.038	0.013	4.312	1.886
年龄接近度	3.077	−0.141	0.094	−0.047	−0.019	0.989	1.011	0.013	4.309	1.883
性别接近度	2.942	−0.138	0.105	−0.049	0.024	0.965	1.036	0.013	4.334	1.882
民族接近度	2.875	−0.162	0.111	−0.038	0.090	0.951	1.051	0.023	6.857	1.869

备注: $^*P<0.1$, $^{**}P<0.05$, $^{***}P<0.01$, $^{****}P<0.001$。

　　社会网络与同辈孤独回归分析结果显示,八个模型中的 D-W 分别为 1.896,1.887,1.885,1.879,1.886,1.883,1.882,1.869,D-W 数值在 2 左右,说明数据符合样本独立。各个模型的预测变量 $VIF<5$,说明在各模型中,预测变量与控制变量之间不存在共线性问题。

　　表 3-5 就回归模型的结果进行了总结。在控制人口变量之后,变项同辈强关系($\beta=-0.106,P<0.001$)与同辈弱关系($\beta=-0.038,P<0.001$)对同辈孤独存在显著负向影响。

　　因此,H1e 个体社会网络的同辈社会关系规模对同辈孤独有显著影响得到支持。

第六节　结论与讨论

　　从结构化的角度而言,个体均悬置于社会网络之中,网络中不同类型的社会关系均存在潜在的资源,个体会根据自己的需求从社会关系中获取这些资源,因此,社会网络越发达的个体,其孤独感越低。通过对样本社会网络与不同类型的孤独感之间的回归分析可以发现,社会网络与不同维度孤独感之间存在如下关系:

　　(1)社会网络的强弱、社会关系数量、社会关系熟悉度、民族接近度,与 UCLA 孤独存在负相关性。

　　(2)社会网络的强弱、社会关系数量、社会关系熟悉度、重要社会关系距离、年龄接近度、民族接近度,与情感孤独存在负相关性。

　　(3)社会网络的强弱、社会关系数量、社会关系熟悉度,与社会孤独感存在负相关性。

　　(4)社会网络的强弱、家人社会关系数量,与父母孤独感存在负相关性。

　　(5)社会网络的强弱、同辈社会关系数量,与同辈关系的同质性与同辈孤独存在负相关性。

　　就此,可能的解释如下:

　　(1)就关系的同质性来看,一般而言关系同质性越强,各类孤独感越低,可能是由于一个同质性强的社会网络更有可能为个体提供社会支持。

　　(2)强社会关系可以减少个体各维度的孤独感,但让人感到惊讶的是,弱社会关系也能够在情感、社会、父母、同辈孤独等维度上,减少人们的孤独感。原因或许是在现代化背景下,重要的社会关系往往距离自己较远,因此,弱社会关系亦具有提供补偿的功能[103]。

访谈中的材料可对此观点进行进一步的说明:

> 在我感到孤独的时候,我经常和另一半八卦、闲扯,只是这样说说话,就感觉很好;我有几个研究生同学,他们会在我需要陪伴的时候,和我聊聊天,但他们大多在日本;同事当然也很重要了,因为很多时候,爱人在外地工作,而好友又往往不在身边,这个时候同事就会起到很重要的作用。(Y女士)

(3)不同的关系类型对不同维度孤独感的影响不同。就关系的类型来看家人关系能减少UCLA孤独、情感孤独、社会孤独、父母孤独,而同辈关系则能减少UCLA孤独、情感孤独、社会孤独、同辈孤独。恰如,现有研究所指出的,大多数人并不把自己限制在一两个群体中。他们拥有多样的网络,因为不同的网络可以提供不同的资源。根据加拿大东约克的网络实验室研究中心的报告,人们倾向于从姐妹那里获得拥抱,从父母那里获得金钱,从朋友那里获得社交。

通过访谈,我们获得了更为生动的理解。

> 问:对你而言,较为重要的社会关系有哪些,特别是在你感到孤单与寂寞的时候,你会和哪些人交流?在交流的过程中,你认为他们给了你什么东西?
>
> 答:我一般会找另一半吧,从她那里我会获得鼓励与信心;我也会找我的好友,他们会给我很多学术上的建议与帮助,让我不再感到那么孤独;父母当然对我也很关心,但是,他们对我的关心中也包含着无形的压力。我很少和同学聊天、交往。(L先生)
>
> 答:其实我对不同类型的关系,是有不同的期待的。我期待从另一半那里获得有人陪伴的感觉,和他随便聊什么我都会很满足;而从朋友那里,我虽然期待的也是一种陪伴的感觉,但是这种感觉又不太一样。怎么说呢,和另一半会聊蛮多蛮深层次的话题,和朋友则更多的就是那种一起吃饭、逛街的感觉。对我而言,父母对我的影响几乎不存在,我也并不会太想他们。(N女士)
>
> 答:另一半对我来说很重要,和她总是有很多可以深入沟通的话题;我的好友也很多,和他们更多的是喝酒,侃大山;可是我和父母的关系一般,而且有时候,更多的是我在帮助父母减少孤独感,通过和父母

聊天,让他们意识到我是在乎他们的。(F先生)

从上述访谈中,我们发现,不同类型的社会关系对于处于孤独状态中的个体而言有着不同类型的作用,而且每种社会关系的功能、形式各不相同。通过访谈,我们发现:

首先,伴侣关系是最重要的,这一研究发现与美国的研究结果基本一致。

其次,弱关系对现代人而言同样十分重要,因为熟人往往不在自己身边,这个时候,弱关系会起到补偿性的作用。

再次,不同类型的社会关系对个体所起到的作用并不相同,伴侣更多的起到情感支持的作用,而好友起到的更多是陪伴的作用。

最后,与预想的不同,个体与父母关系似乎并不是那么重要,而父母关系的缺失也不会出现明显的父母孤独。这一研究发现是与假设和数据分析的结果相悖的。

(4)现代人的社会网络是处于动态变化中的,社会的流动性使得个体的社会网络并不会永远保持恒定不变。访谈给出了更为生动的阐释。

问:你觉得哪些人对你而言比较重要呢?

答:朋友也蛮重要的,可是呢,随着朋友结婚、生孩子,和他们的联系越来越少了。以前我和Y女士的关系很好,但自从她有了家庭后,就基本不联系了,现在在单位和新进来的小姐妹联系的很多,她们会陪我逛街、买东西。所以,和原来的朋友关系越来越疏离了,在单位有很多新的朋友。(M女士)

答:和我现在关系比较好的,多是研究生期间的同学,原先本科的同学都不怎么联系了,虽然研究生期间的同学很多在日本,但是和他们的关系远比本科期间的同学好得多。(Y女士)

可见,个体的社会网络随着时间而不断发生变化,有不同的人进、出自己的社会网络,由此,对自己而言重要的角色将随着时间的变化而发生变化。

总之,对现代人而言,我们的社区原型更接近于一个以自我为中心的流动的个人网络,而并非静态的邻居或者家庭圈子。而个人社会网络中的不同社会关系,不仅会提供不同类型的支持,而且会在我们需要的时候提供帮助[111]。正是这些不同类型的社会关系,对抑制不同维度的孤独感提供了帮助。

　　现实生活中,我们通过不同的媒介联系,进而基于自我传播网络扩展、连接自己的不同方面,并使得自己可以通过各类媒介维系着社会网络。而这个"结网"的过程可以分为如下几个面向进行考察:

　　(1)自我传播网络将给现代人带来什么样的效益与影响,将如何影响到现代人不同维度的孤独感?

　　(2)我们用传播网络来维系社会网络,而每个人的社会网络规模、特征又有所不同,那么社会网络会如何影响自我传播网络的使用呢?

　　(3)自我传播网络是嵌入社会网络之中的,那么在社会网络与孤独感之间,自我传播网络起着怎么样的中介效应?

　　下一章将就本研究中所发现的自我传播网络对现代人孤独感影响的结果进行分析。

第四章　社会网络对自我传播网络的影响

第一节　传播网络作为底层的交往中介

需要指出的是,在本研究中,社会网络、自我传播网络与孤独感之间的互动关系很大程度上受到国内学者吴飞所提出的"传播网络"这一概念的影响。虽然其研究关注的因变量社会变迁与本研究的关注点个体社会心理不尽相同,但是在传播网络这一概念的内核中,已经很好地搭建起了社会网络、传播网络与因变量(社会或个体)之间的内在机制。

他在研究中指出:"传播不是一个简单的线性模式,而是一个网状模式……人们会选择不同的传播方式来编织他们的信息传播网络……只有那些善于利用多种传播网络的个人或者组织才会拥有更多的信息资源,因而他们也就有了更多的社会资本和文化资本。"其研究对传播网络的界定如下:

社会传播网络是人的社会化过程的产物,这一网络往往基由地缘、血缘、业缘、学缘而生成与扩展;

社会传播网络是社会互动的结果,通过各种媒介手段的沟通是其生成与发展的基础;

社会传播网络是人社会关系的体现,传播网络的大小与关系强度,往往与一个人的社会地位有密切的关系;

社会传播网络对个人来说是具有效益的,人们经由其所属的社会传播网络获得其所需要的信息、获得情感的支持;

　　社会传播网络是相对稳定的。虽然围绕一个人形成的社会传播网络内部可能有松紧之别,但网络一旦确定,就具有相对的稳定性。

　　他在研究中,通过整合杜威的"意义通过交流而产生"、凯瑞的"传播是对世界的形塑与建构",解释了传播网络如何通过符号的交换对人们的社会化产生影响。一般的研究都将其研究中的传播网络仅仅等同于承载信息的网络,通过信息的传递,实现某些功能。这当然是传播网络使用的一个方面。但是,他在研究中同时指出,传播网络嵌入社会网络之后,所交换的不仅仅是信息、观念,还包括情感。正是因此,原先存在于社会网络中的社会资本与情感支持才能作为一种资源为个体所用。因此,传播网络使用越多的人,其获得的社会资本与情感支持势必就越多。实际上,吴飞在后续的分析中指出,人是关系的动物,而关系是依赖传播网络生存和发展的,没有密切的传播网络,就没有密切的社会关系。

　　这一界定,在很大程度上影响着笔者就自我传播网络展开研究时所采取的视角:

　　(1)自我传播网络是否受到个体社会网络的构成、特征的影响;

　　(2)不同基质的自我传播网络对应着、中介着什么样的社会网络;

　　(3)自我传播网络所中介的社会网络如何影响现代人不同维度的孤独感;

　　(4)社会网络如何与自我传播网络一同对现代人的孤独感产生影响。

　　只是,与传播网络不同的是,本研究认为对现代人而言,封闭社区中所存在的整体网络与推动社区变迁的传播网络固然重要,但同样重要的另一个面向或许是现代人以自我为中心所缔结的自我社会网络与自我传播网络。而这一面向的研究实则就是网络化个人主义所探讨的核心问题。由于在绪论部分已经就网络化个人主义的界定、本研究相关的核心文献以及由此引发的问题意识进行过介绍,这里不再赘述。

第二节　媒介可供性:自我传播网络如何发挥作用

　　媒介可供性提供了与媒介即信息不同的关照现代人与媒介之间关系的视角。媒介即信息强调的是媒介的决定性作用,即媒介对现代人的社会关系有着决定性的影响,而我们往往对这种影响是无知的。与之相对,媒介可供性指的是:基于传播基础设施所提供的基础功能以及在社会互动中的情境线索,个体会选择合适的媒介进行社会互动[112]。

可供性是从心理学中沿用过来的概念,原先指的是人们理解对象实现不同目的的潜在可能性的能力[113-114]。当把这个概念沿用到传播技术中时,且媒介技术所提供的交往可能与人们想要交往的社会关系特点之间存在一致性时,媒介用户特定的功能可以让其与特定的社会关系进行联系[115]。

可供性这个概念强调的有两点:首先,技术有其内在的特征;其次,这些技术特征将影响人们如何使用这些媒介。换句话说,传播基础设施的媒介可供性包含两个维度,一个是媒介技术,另一个是媒介用户的社会使用方式。因此,媒介基础设施既可以用于促使交流的发生,但也同样有可能阻碍交往行为。大多数的数字媒介有不同的功能,例如媒介用户可以同多个地方的人进行同时对话,也可以使用媒介的匿名性、去地域性和一定程度的灵活性。例如,电子邮件使得异步的交往行为得以发生,使得人们可以有充足的时间去整理自己将要发送的信息,并使自我呈现做得更好;同时,即时通信工具也用于异步的交流,但是即时通信工具也支持同步的交流,特别是随着手机越来越多地嵌入即时通信软件,人们使用即时通信工具进行紧急联系、微型合作、情感支持成为可能。

在网络化个人主义的视域中,传播网络被用于社会网络的维系,当媒介技术所提供的交往可能与人们想要交往的社会关系特点之间存在一致性时,媒介用户会使用特定的媒介维系特定的社会关系进行联系。例如,电话提供了远程与家人、好友进行联系的功能,如果没有电话我们与远方好友的联系将会变得十分困难。当我们有大量的家住远方的好友或家人时,电话的特征就为这类关系提供了很好的交流契机。

社会网络对传播网络影响这一议题并不算新颖,就此议题已经有了一定的研究。大量实证研究支持了这种以传播基础设施为平台的社会交往的出现。根据美国的全国性问卷调查,有研究者指出,人们更有可能使用多种媒介与日常生活中的熟人保持社会联系。更为重要的是,人们使用什么媒介,取决于交流的目的(例如谈话的主题)、技术的功能、关系的社会可接近性(例如是否本地、关系的亲密度)等等。人们倾向于使用不同的传播基础设施来促使手头任务的完成。通过对社会网络数据的分析,有学者指出,除了面对面交流,大多数的被试会尝试使用一切媒介来维系自己的社会关系,同时他们有倾向使用即时通信工具或社交软件来维系弱关系。在韩国的一项研究指出,人们倾向于使用面对面交往以及手机来维系强社会关系,用电子邮件以及即时通信工具加强弱联系。也有研究指出,人们会结合使用各类媒介发展自己的社会关系,如人们会先用互联网认识新的朋友,然后再将这些社会关系带到自己的日常生活之中。然而人们如何整合使用多种媒介尚待实证研究考察[116]。

上述研究往往集中于移动互联媒介,事实上,对现代人而言,虽然移动互联媒介十分重要,但是传统的媒介手段,例如面识交往、手机短信与电话依旧十分重要。同时,此类研究的数量在亚洲并不算太多,因此,本研究将以中国为语境,就此问题展开探讨。

综上,本研究提出如下假设:

H2:社会网络对自我传播网络的使用存在显著影响。

第三节　社会网络对自我传播网络影响的回归分析

本节将就社会网络的规模、特征与不同类型的自我传播网络的使用进行回归分析,回归分析结果如表 4-1 至表 4-3 所示。

表 4-1 中五个模型的 D-W 分别为 2.090,1.982,2.004,1.967,1.978,D-W 数值在 2 左右,说明数据符合样本独立。各个模型的变量 $VIF < 5$,说明在各模型中,变量之间不存在共线性问题。

总的来说,个体网络中的熟人关系或普通关系越多,人们就越可能依靠移动网络、互联网络、社交媒介网络作为其社会关系的载体。但同时,面识网络、即时通信网络很少被用于承载普通的社会关系。

仅就 $P < 0.05$ 的相关性进行说明,可以得到如下可能的结论:

(1)当个体社会网络中的强关系越多,人们越有可能采取面识网络、移动网络、互联网络、即时通信网络、社交媒介网络进行交往;

(2)当个体社会网络中的普通关系越多,人们越不可能采取面识网络、移动网络、社交媒介网络进行面对面的交往。

在人际网络的广度方面,研究结果就个体人际关系的广度与传播媒介中的社会关系进行了分析,研究结果显示,两者之间的关系较为复杂。

仅考虑 $P < 0.05$。研究结果显示:

(1)当个体社会网络中的熟悉度越高,人们越有可能采取面识网络、移动网络、互联网络、即时通信网络、社交媒介网络进行交往;

(2)当个体社会网络中的民族相似度越高,人们越有可能采取面识网络、移动网络、互联网络、即时通信网络、社交媒介网络进行交往。

表 4-1　自我社会网络与传播网络回归分析

	FTFSTTTL				MBLSTTTL				EMLSTTTL				IMSTTTL				SNSSTTTL			
	VIF	B	SE	允差	VIF	B	SE	允差	VIF	B	SE	允差	VIF	B	SE	允差	VIF	B	SE	允差
常量	1.59	0.43			1.48	0.43			0.71	0.53			1.15	0.44			1.10	0.53		
教育	0.02	0.09	0.93	1.07	0.02	0.09	0.93	1.07	0.01	0.11	0.93	1.07	0.04	0.09	0.93	1.07	0.02	0.11	0.93	1.07
性别	-0.13	0.13	0.94	1.06	-0.22	0.13	0.94	1.06	-0.34	0.15	0.94	1.06	-0.04	0.13	0.94	1.06	-0.14	0.15	0.94	1.06
年龄	-0.04	0.07	0.92	1.08	-0.04	0.07	0.92	1.08	-0.06	0.08	0.92	1.08	-0.02	0.07	0.93	1.08	-0.07	0.08	0.92	1.08
强关系	0.42***	0.04	0.53	1.88	0.48***	0.04	0.53	1.88	0.46***	0.05	0.53	1.88	0.45***	0.04	0.53	1.88	0.53***	0.05	0.53	1.88
弱关系	0.01	0.03	0.56	1.80	-0.07*	0.03	0.56	1.80	-0.07*	0.04	0.56	1.80	-0.05	0.03	0.56	1.80	-0.12**	0.04	0.56	1.80
熟悉	0.20***	0.06	0.93	1.08	0.19**	0.06	0.92	1.08	0.18**	0.07	0.93	1.08	0.18**	0.06	0.92	1.08	0.24***	0.07	0.93	1.08
距离	0.09**	0.04	0.81	1.23	0.05	0.04	0.81	1.23	0.06	0.05	0.81	1.23	0.14	0.04	0.81	1.23	0.11**	0.05	0.81	1.23
教育接近	-0.04	0.07	0.66	1.52	-0.04	0.07	0.66	1.53	0.02	0.08	0.65	1.54	-0.06*	0.07	0.65	1.53	-0.06	0.08	0.66	1.52
年龄接近	-0.06	0.07	0.59	1.69	-0.05	0.07	0.59	1.70	-0.07	0.09	0.59	1.70	-0.05	0.08	0.59	1.70	-0.14	0.09	0.59	1.69
性别接近	-0.01	0.08	0.73	1.38	0.04	0.08	0.72	1.38	0.01	0.09	0.72	1.39	0.03	0.08	0.72	1.38	0.04	0.09	0.72	1.38
民族接近	0.19***	0.06	0.82	1.23	0.17**	0.06	0.82	1.23	0.25***	0.08	0.81	1.23	0.25***	0.06	0.82	1.23	0.27***	0.08	0.81	1.23
调整R	0.224				0.216				0.149				0.214				0.176			
DW	2.090				1.982				2.004				1.967				1.978			
F	26.838				25.713				16.627				25.375				20.155			

备注：* P<0.1，** P<0.05，*** P<0.01，**** P<0.001。

表 4-2 中五个模型的 D-W 分别为 $2.009,2.030,2.049,2.151,1.995$，D-W 数值在 2 左右，说明数据符合样本独立。各个模型的变量 $VIF<5$，说明在各模型中，变量之间不存在共线性问题。

总的来说，个体网络中的熟人关系或普通关系越多，人们就越可能依靠移动网络、互联网络、社交媒介网络作为其社会关系的载体。但同时，面识网络、即时通信网络很少被用于承载普通的社会关系。

仅就 $P<0.05$ 的相关性进行说明，可以得到如下可能的结论：

(1)当个体社会网络中的家人强关系越多，人们越有可能采取面识网络、移动网络、互联网络、即时通信网络、社交媒介网络与家人进行交往；

(2)当个体社会网络中的家人普通关系越多，人们越有可能采取面识网络与家人进行交往。

表 4-3 中五个模型的 D-W 分别为 $2.055,1.955,2.042,1.963,2.023$，D-W 数值在 2 左右，说明数据符合样本独立。各个模型的变量 $VIF<5$，说明在各模型中，变量之间不存在共线性问题。

总的来说，个体网络中的熟人关系或普通关系越多，人们就越可能依靠移动网络、互联网络、社交媒介网络作为其社会关系的载体。但同时，面识网络、即时通信网络很少被用于承载普通的社会关系。

仅就 $P<0.05$ 的相关性进行说明，可以得到如下可能的结论：

(1)当个体社会网络中的同辈强关系越多，人们越有可能采取面识网络、移动网络、互联网络、即时通信网络、社交媒介网络与同辈进行交往；

(2)当个体社会网络中的同辈普通关系越多，人们越不可能采取互联网络、社交媒介网络与同辈进行交往。

综上，假设 H2 社会网络对自我传播网络的使用存在显著影响得到支持。

表4-2　自我社会网络中的家人关系与传播网络回归分析

变量	FTFFMCLS				MBLFMCLS				EMLFMCLS				IMFMCLS				SNSFMCLS			
	B	SE	允差	VIF	B	SE	允差	VIF	B	SE	允差	VIF	B	SE	允差	VIF	B	SE	允差	VIF
常量	0.94	0.25			0.84	0.23			0.49	0.28			0.77	0.26			0.73	0.28		
教育	-0.09	0.05	0.93	1.07	-0.09	0.05	0.93	1.07	-0.09	0.06	0.93	1.07	-0.04	0.05	0.93	1.07	-0.06	0.06	0.93	1.07
性别	-0.06	0.07	0.95	1.05	-0.10	0.07	0.95	1.05	-0.12	0.08	0.95	1.05	-0.05	0.07	0.95	1.05	-0.02	0.08	0.95	1.05
年龄	0.02	0.04	0.92	1.09	-0.01	0.03	0.92	1.09	-0.05	0.04	0.92	1.09	-0.04	0.04	0.92	1.09	-0.02	0.04	0.92	1.09
强关系	0.09**	0.04	0.65	1.54	0.34***	0.04	0.65	1.54	0.30***	0.05	0.65	1.54	0.32***	0.04	0.65	1.54	0.29***	0.05	0.65	1.54
弱关系	0.26***	0.04	0.72	1.39	0.02	0.03	0.72	1.39	0.02	0.04	0.72	1.39	0.03	0.04	0.72	1.39	-0.02	0.04	0.72	1.39
熟悉	0.04	0.03	0.92	1.09	0.08**	0.03	0.92	1.09	0.09**	0.04	0.92	1.09	0.10**	0.03	0.92	1.09	0.12***	0.04	0.92	1.09
距离	0.03	0.02	0.87	1.15	0.01	0.02	0.87	1.15	0.02	0.03	0.87	1.15	0.06**	0.02	0.87	1.15	0.04	0.03	0.87	1.15
教育接近	0.01	0.04	0.66	1.52	0.04	0.04	0.66	1.52	0.02	0.04	0.66	1.52	0.00	0.04	0.66	1.52	0.02	0.04	0.66	1.52
年龄接近	-0.04	0.04	0.60	1.68	-0.02	0.04	0.60	1.68	-0.04	0.05	0.60	1.68	-0.03	0.04	0.60	1.68	-0.08	0.05	0.60	1.68
性别接近	0.01	0.04	0.73	1.38	0.01	0.04	0.73	1.38	0.02	0.05	0.73	1.38	-0.02	0.04	0.73	1.38	0.12***	0.05	0.73	1.38
民族接近	0.00	0.04	0.83	1.21	0.04	0.03	0.83	1.21	0.11***	0.04	0.83	1.21	0.06**	0.04	0.83	1.21	0.04	0.04	0.83	1.21
调整R	0.100				0.135				0.084				0.110				0.072			
D-W	2.009				2.030				2.049				2.151				1.995			
F	10.983				14.968				9.226				12.129				7.961			

备注：* P<0.05，** P<0.01，*** P<0.001。

表 4-3　自我社会网络中的同辈关系与传播网络回归分析

	FTFPEERCLS				MBLPEERCLS				EMLPEERCLS				IMPEERCLS				SNSPEERCLS			
	VIF	B	SE	允差	VIF	B	SE	允差	VIF	B	SE	允差	VIF	B	SE	允差	VIF	B	SE	允差
常量	0.90	0.39			1.13	0.36			0.55	0.41			0.69	0.35			0.86	0.42		
教育	0.05	0.08	0.94	1.06	0.05	0.08	0.94	1.06	0.02	0.09	0.94	1.06	0.06	0.08	0.94	1.06	0.02	0.09	0.94	1.06
性别	-0.10	0.12	0.94	1.06	-0.16	0.11	0.94	1.06	-0.25	0.12	0.94	1.06	0.02	0.11	0.94	1.06	-0.09	0.13	0.94	1.06
年龄	-0.07	0.06	0.93	1.08	-0.05	0.06	0.93	1.08	-0.01	0.06	0.93	1.08	0.04	0.06	0.93	1.08	-0.05	0.07	0.93	1.08
强关系	0.46***	0.04	0.59	1.69	0.46***	0.04	0.59	1.69	0.46***	0.04	0.59	1.69	0.43***	0.04	0.59	1.69	0.50***	0.04	0.59	1.69
弱关系	0.02	0.03	0.62	1.62	-0.04	0.03	0.62	1.62	-0.06	0.03	0.62	1.62	-.02	0.03	0.62	1.62	-0.07	0.03	0.62	1.62
熟悉	0.19***	0.06	0.93	1.08	0.14***	0.05	0.93	1.08	0.14**	0.06	0.93	1.08	0.16***	0.05	0.93	1.08	0.21***	0.06	0.93	1.08
距离	0.09**	0.04	0.81	1.23	0.07*	0.04	0.81	1.23	0.06	0.04	0.81	1.23	0.13***	0.04	0.81	1.23	0.12***	0.04	0.81	1.23
教育接近	-0.08	0.06	0.66	1.53	-0.08	0.06	0.66	1.53	-0.01	0.07	0.66	1.52	-0.09	0.06	0.66	1.53	-0.08	0.07	0.66	1.53
年龄接近	-0.03	0.07	0.59	1.68	-0.04	0.06	0.59	1.68	-0.05	0.07	0.59	1.69	-0.03	0.06	0.59	1.68	-0.10	0.07	0.59	1.68
性别接近	0.02	0.07	0.73	1.38	0.07	0.07	0.73	1.38	0.02	0.07	0.72	1.38	0.04	0.06	0.73	1.38	0.05**	0.08	0.73	1.38
民族接近	0.21***	0.06	0.81	1.24	0.14***	0.06	0.81	1.24	0.17***	0.06	0.81	1.24	0.20***	0.05	0.81	1.24	0.18	0.06	0.81	1.24
调整 R	0.222				0.206				0.173				0.226				0.195			
D-W	2.055				1.955				2.042				1.963				2.023			
F	26.67				24.386				19.812				27.324				22.820			

备注：* $P<0.1$，** $P<0.05$，*** $P<0.01$，**** $P<0.001$。

第四节　结论与讨论

人们会使用不同类型的传播媒介与自己的社会网络保持联系。个体使用传播网络的方式,与其所处社会网络的特性(诸如他所拥有的家人、亲属、好友、同辈数量,以及社会网络的同质性程度)有关。人们使用传播网络的程度受到个体社会网络规模与特征的影响。从大的方面来看,所有媒介都会被用于人际交往,但是,不同的媒介根据个体社会网络的不同,在使用上存在差异。

个体的社会网络中强关系越多,人们越倾向于使用面识、移动、互联、即时通信、社交媒介网络进行社会联系。个体的社会网络中,普通关系越多,越不可能采取面识、移动、社交媒介网络进行社会联系。

个体的社会网络中家人强关系越多,人们越倾向于使用面识、移动、互联、即时通信、社交媒介网络进行社会联系。个体的社会网络中家人普通关系越多,越有可能使用面识网络进行社会联系。

个体的社会网络中朋友强关系越多,人们越倾向于使用面识、移动、互联、即时通信、社交媒介网络进行社会联系。个体的社会网络中朋友普通关系越多,越不可能使用面识网络、移动、社交媒介网络进行社会联系。

社会可供性这个概念可以用于解释上述现象。个体会在社会网络的现状与媒介所提供的技术特征之间找到一个契合点,因此每个人都会根据自己社会网络的现状选择合适的媒介来维系特定的社会关系。就上述发现根据媒介类型解释如下:

面识网络:面识网络较之于其他网络有可能提供更多的情感支持,所以如果一个人的好友、同辈、亲属关系越多,就越有可能使用面识网络[66]。

移动网络:研究同样显示,除了面识网络之外,移动网络依旧是人们用于与好友、家人、同辈维系强关系的媒介渠道,尽管移动网络存在技术上的缺陷,例如无法提供语言、视觉上的服务,但是,技术上的即时性与互动性的优点,使得其被用于维系上述关系[117]。

互联网络:互联网络依旧是人们用于与好友、家人、同辈维系强关系的媒介渠道,随着技术的改进,该平台可以提供语言、视觉上的服务,使得其有可能被用于维系上述强关系[66]。

即时通信网络:即时通信网络也是人们用于与好友、家人、同辈维系强关系的媒介渠道,通过即时通信工具,我们可以很好地进行自我表露[117],使得其被用于维系上述关系。

　　社交媒介网络:社交媒介网络依旧是人们用于与好友、家人、同辈维系强关系的媒介渠道,因为社交媒介更多的用于把线下的社交网转移到线上,但很少用于联系好友或陌生人[77],所以其被用于维系上述关系。

　　在访谈中,被访者给出如下答复。

　　　　问:当你在用媒介维系社会关系时,你在使用不同媒介的时候感觉一样吗? 你觉得哪些方式在维系社会关系时比较有效?

　　　　答:其实,我和爱人交流,基本上都是面对面的。如果说用电话也只是在他在外求学时。一般和好友我用电话的方式多一些,有些在日本的朋友我就用微信语音的方式,但总的来说我更喜欢和朋友用电话的方式进行交流,因为更加具有即时性和现场感,电子邮件一般只是用于维系工作上的关系。其实,这和对方偏向于用什么类型的媒介有关,如果对方偏好使用特定类型的媒介,那么我也会选择这类媒介进行交流。(Y 先生)

　　可见,媒介可供性这个概念在个体的现实生活中是多个面向的,人们会根据自身的媒介选择偏好、交流的目的甚至是其他因素来选择特定的媒介维系自己的社会关系。

　　同时,研究显示个体很少会使用面识、移动、社交媒介网络维系普通关系,原因或许是这些传播载体需要较多的精力去维系。就个体传播网络的特征来看,研究结果显示,社会关系网络熟悉程度与各类传播媒介的使用存在正相关,而这很可能是由于社会关系网络内部人与人之间的熟悉程度越高,就意味着从社交网上来看,越属于一个联系紧密的社区,因此越需要通过各类媒介进行联系。

第五章　自我传播网络对五种孤独的影响

第一节　自我传播网络：多媒介渠道建构的传播网络

社会网络对我们而言至关重要[73]，它包括"谁"在我们的关系网络中，我们"如何"与他们进行交流。在现代性的影响下，现代社会的人际社会网络与多维度的技术是勾连在一起的，并形成了个体交流系统[64]。

威尔曼指出，社会网络自现代性以来便已经存在，与此同时出现了各类媒介供现代人选择以维持自己的社会关系，无论是飞机、火车抑或是公路都可以被看作是现代人所选择的，用以维持社会网络的媒介。随着媒介的发展，网络、移动通信、计算机中介传播，均被称为现代人可以选择的、用于维持社会关系的媒介。我们通过多重媒介技术，与面对面的交往一起与他人进行人际交流，并形成了网络化个人主义的现象[118]。尽管威尔曼于《超越孤独》一书中，仅就移动网络与互联网络做了重点分析，但从书中的其他部分亦可看出在他看来，面对面的交流依旧重要。因而现代人与他人之间的勾连虽然越来越多地借助移动互联网络，但也不能忽视传统的面对面交往等途径。

针对网络化个人主义的现状，有学者提出了自我传播网络这一概念，用于意指现代人基于多重传播媒介来维系人际关系这一事实。其中有两个关键词，一个是自我，另一个则是网络。显然该学者希望用这个概念凸显现代人以自我为中心，用不同媒介勾连彼此的特点[64]。

自我这个关键词,显然是用于强调传播是以使用者为本位的多重传播渠道,例如有线电话、无线电话、电邮等,都是用于满足人际交往需要的。这种观点与约翰菲斯克的主动受众的思路类似,约翰菲斯克曾在研究中指出,我们在进行传播研究时,需要用一种诠释的方法,去揭示人们是如何使用媒介的[119]。这种研究方法有别于媒介即信息,因为前者趋向于分析人们如何根据自身的需要有选择性地使用媒介,而后者则是在说媒介将如何影响我们的社会关系。网络这个关键词,是为了揭示人们不会仅使用某种媒介来维系自己的社会关系网络,人们往往会同时使用多种媒介以维系自己的社会关系。可以说,"自我传播网络"从一定程度上刻画了当今媒介趋向用户中心这个媒介图景。就此议题已经展开过系列相关研究[116]。本研究用面识网络(面对面交往)、移动网络(手机短信与电话)、互联网络(Skype 等视频通信与电子邮件)、即时通信网络(以点对点为主的即时通信手段如微信、QQ)、社交媒介网络(以展示自我为主的社交媒介平台如 QQ 空间、开心网)来代表现代人的自我传播网络。

因此,现代人的社会网络是由自我传播网络所中介的。那么,社会网络与自我传播网络之间可能的关系是什么呢?

一方面,根据网络化个人主义的相关研究,自我传播网络可以被看作是现代人社会网络的延伸,这一研究思路在现有的网络化个人主义研究中较为常见[64,66]。

另一方面,自我传播网络更可以被看作是承载现代人社会关系的"空间"。对现代人而言,社会关系依托不同基质的传播网络而展开,因此,与"延伸"的观点不同,第二种观点更将自我传播网络看作"中介化的空间"。而这种观念在生态系统理论近来的理论发展中得到了呼应。有学者指出媒介进入人们的社会生活(也就是理论中所说的微观社会生态系统)后,日益成为我们社会关系的载体,进而对现代人的社会资本与现代人的社会心理产生影响[80]。但在网络化个人主义的研究中,基于此类媒介观的研究很少,唯一沿用此媒介观的研究,是以社会参与与民主运动参与为因变量进行了分析[67]。

事实上,在媒介研究中,有系列研究就媒介如何中介、影响社会关系进行过分析。

一、面识网络

有研究以荷兰的全国人口为研究母体,通过随机抽样,就社会网络与孤独感之间的关系进行分析。研究发现,线下的由面识网络所构成的社会网络,对于个体的社会支持感有着显著正向影响,进而对孤独感存在显著负向影响[65]。有研究指出,面识网络可以为人们带来其所需的社会支持[84]。面识网络常常用于维系强社会关系,并对个体的幸福感有显著影响[66]。因此,可以推测,在移动互联时代,面识关系依旧是十分重要的承载现代人社会网络的载体。本研究用面对面交往指代面识网络。

二、移动网络

一部分实证研究指出,电话以及网络的出现并没有使得人与人之间的社会关系变弱,相反,这些技术手段是补偿现代人关系不足的重要途径。有研究以从高中升向大学的群体为样本,分析媒介在维系先前友谊时的重要性,研究发现,移动网络(手机电话和短信)在维系他们先前的友谊中起着重要作用。有研究基于媒介可供性等理论,在针对人们的手机短信使用进行研究后指出,年轻、单身、焦虑感强的个体往往更加善于利用手机短信所提供的技术特点来发展自己的人际关系[120]。一项在马来西亚展开的研究发现,社会焦虑程度高、孤独感强的个体更倾向于使用手机电话与短信的形式来维系人际关系[121]。本研究用手机短信、电话意指移动网络。

三、互联网络

互联网最开始是以用于军事以及学术联系为目的而被创立的,随着技术的发展,这种便利的工具逐渐被用于人们的日常生活之中,帮助我们进行人与人之间的联系[122]。不同的网络交流工具有其各自的特征,就早期用于交流的媒介而言,这些媒介往往被过滤掉了大量的传播线索,因为这些媒介往往是文字界面的[69]。同时,交流过程也存在着延时的现象[123]。在研究基于文字界面的人际交流(如电子邮件)时,有研究者指出,基于这个界面的交流由于被过滤掉了社会信息,因此很难呈现非语言的交流线索,例如感受或情感[68]。为了弥补这些局限性,大量的互联网用户发明了火星文试图丰富交流过程。同样,有研究者发现使用者会发明很多专用于文字互动的交流符号,而背后的动机则是为了再现面对面交流中的情境。

尽管互联网提供了一个可供交往的平台,但有研究者指出,基于互联网认识的人并不将彼此当作朋友,直到他们有机会进行面对面的接触[68]。这或许与互联网的匿名性相关。在互联网的交流过程中,人们可以过滤掉很多与个人身份相关的信息,因此也就能够解释为什么基于互联网认识的人可以更多地谈一些面对面交流中所无法接受的话题[69]。

也正是由于基于互联网交流所存在的这些不足,许多学者担心互联网使用可能带来的负面影响。Kraut 的研究针对的是 home. net 计划,他发现在该计划启动之后,人们的社会交往减少了,并带来了大量负面的心理影响[47]。然而,有意思的是,在数年后,当该研究团队重新回访那些被试的时候,他们发现这些被试的社会圈子扩大了,并且更加积极地参与到社区活动之中[122]。因此,早期那种互联网取代人们社会交往的观点是值得商榷的。其实,互联网的技术特质从另一个方面来看是有利于社会关系的发展的。因为计算机中介交流往往与自我表露联系在一起,而自我表露又往往与友谊的发展相关[124]。有研究指出,有高自我表露倾向的人往往有更多的网络好友。自我表露之所以与更多的好友形成相关,是由于通过自我表露双方享有了更多的共通信息[125]。

事实上,随着互联网技术的发展,诸如视讯通话技术的发展以及电子邮件沟通的便利性,人们越来越多地将互联网用于拓展自己的社会关系。很多研究将互联网络与社会网络的研究联系在一起:在针对社区、同辈等研究中,许多研究发现,互联网络日益成为一种新型的社会网络载体,而我们也日益将线下的社会网络转移到互联网上[72]。本研究用 Skype 等视频通信与电子邮件意指互联网络。

四、即时通信网络

最早的互联网交往形态是即时通信工具,这是一种基于文本界面的,个体用于和其他个体或群体交流的软件系统。而现在的即时通信工具则融入了更多的传播线索。

即时通信工具的特殊处在于其可以完成人与人之间的实时交流,由于这种特征,即时通信工具往往被用于和较为亲密的好友以及家人之间的交往,因此从这个意义上来说,即时通信工具更接近社会资本中的粘连社会资本[71]。由于即时通信工具往往与先前既有的社会关系联系在一起,现有研究发现通过即时通信工具的使用会实实在在地带来一些好处。例如,有研究者指出,即时通信工具和情感亲密行为例如分享情感和个人想法、自我表露之间有相关性。换句话说,由于即时通信工具中的社会关系往往是从线下社会关系中转移过来的,因此个体更多的是通过即时通信工具的使用来加深、稳固自己和其他人的社会关系。在使用过程中,即时通信工具的使用往往与绑定社会资本联系在一起,用于发展、维系深层次的人际关系。

除用于人际交往之外,即时通信工具往往能把自己的个人信息上传到即时通信网络中,让别人知道自己的现状。因此,在线下实时了解好友近况的功能往往通过即时通信工具得以完成,因此即时通信工具往往被用于自我的映像管理[126]。

或许正是由于即时通信网络提供了深层次人际交流与映像管理的可能,因此在不同类型的网络使用中,即时通信工具的使用十分流行。有研究者指出,即时通信工具主要用于和家人、朋友交流[71],尤其用于维系社会关系和制订计划。对那些年纪稍大的人来说,即时通信工具会用于和远处的朋友交往,同时不会带来经济上的负担。本研究用以点对点为主的即时通信手段如微信、QQ 指代即时通信网络。

五、社交媒介网络

社交媒介例如脸书网并不该被看作是即时通信工具的延伸。例如有研究者指出,在即时通信工具和社交网站的使用人群之间并不存在关联[127]。社交软件尽管和即时通信工具一样可以用于社会交往、彰显自我[70],但是,社交软件与线下的生活联系显然更为紧密。有学者指出,脸书网的使用者倾向于通过多媒体的形式(图片)而非文字的形式告诉别人自己是谁,进而增强群体联系;社交媒介用于联系好友或类似群体,社会网络更有可能被用于支持已有的社会关系,而并非用于认识新的朋友[50]。社交媒介所提供的功能可能并不如即时通信工具那样可以用于发展较好的社会关系。

有学者指出,和线下相比,人们在社会网络上可能拥有更多的好友数[78]。然而,这并不意味着社会网络上所有的朋友都是同样重要的。有研究者指出,被调查者报告,在他们的社会网络好友中,有一半的人他们并不熟悉或完全没有联系。原因或许是社会网络上的好友人数过于庞大,并不是所有人都有精力维系该平台上的人际关系。总的来说,在社交媒介网络上,人们往往会把线下的社会关系迁移到线上[77],并用该平台来维系原有的社会关系。本研究用以展示自我为主的社交媒介平台如 QQ 空间、开心网指代社交媒介网络。

传统的生态系统理论概念体系往往忽视了媒介发展与社会生活的联系。在近期生态系统理论的研究中,有学者指出,随着媒介介入我们的日常生活,需要对微观生态系统这一概念进行调整,将基于计算机中介交流所建构的系统称为“虚拟微观生态系统”,并将其置于原先的生态系统之上,用于指代计算机中介交流介入我们日常生活后,为我们的微观生态环境所附加的一个新的交往情境。虽然该研究更多偏向于社会资本的生产,但该研究同时指出，IM、SNS、网络游戏均是现代人承载其社会关系的载体，由此新媒体所开拓的虚拟空间实际上已经渗入微观生态系统之中，影响着现代人的社会心理[80]。

不同媒介往往以整体的形式融入现代人的社会生活中。如自我传播网络这一概念所指出的，人们往往根据这些媒介的特征来维系特定的社会关系。举例而言，有研究者指出，关系的重要性将影响传播工具的使用。例如最为直接的交流工具（手机），往往被用于最重要的社会关系，而那些非即时通信的交流工具则往往被用于不那么重要的社会关系。通过这种方式，个体会有更多的选项用更少的花费或者精力来与人进行交往。当然也会有人在有重要事务处理时，通过电话等渠道进行交往[98]。而正是这些不同的媒介形式，构成了中介了现代人社会关系的自我传播网络。

综上，本研究认为，除即时通信工具与社交媒介外，面识网络、移动网络、互联网络都存在于个体的微观生态系统中，因此，可以推测，这五种媒介所中介的社会网络都会对个体的社会心理产生影响（图 5-1）。

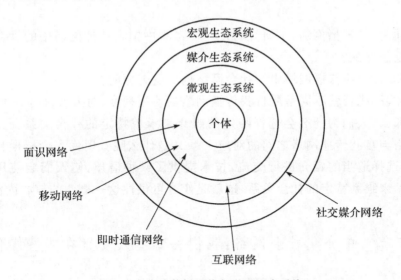

图 5-1　自我传播网络与微观生态系统

综上，基于现有理论与研究，提出如下假设：

H3：自我传播网络对不同层面的孤独感存在显著影响。

　H3.1：自我传播网络的使用对不同层面的孤独感存在显著影响。

　　H3.1a：自我传播网络的使用对 UCLA 孤独有显著影响。

　　H3.1b：自我传播网络的使用对社会孤独有显著影响。

H3.1c：自我传播网络的使用对情感孤独有显著影响。

H3.1d：自我传播网络的使用对父母孤独有显著影响。

H3.1e：自我传播网络的使用对同辈孤独有显著影响。

H3.2：自我传播网络所中介的社会网络对不同层面的孤独感存在显著影响。

H3.2a：自我传播网络所中介的社会网络对 UCLA 孤独有显著影响。

H3.2b：自我传播网络所中介的社会网络对社会孤独有显著影响。

H3.2c：自我传播网络所中介的社会网络对情感孤独有显著影响。

H3.2d：自我传播网络所中介的社会网络对父母孤独有显著影响。

H3.2e：自我传播网络所中介的社会网络对同辈孤独有显著影响。

同时，就传播网络，本研究将进一步考察中国人传播网络中的社会关系构成是怎样的？

RQ1：自我传播网络中的社会网络构成是怎样的？

RQ2：能否就不同基质自我传播网络的使用程度，对人群进行分类？

那么，人们为什么会选择特定的媒介来承载特定的社会关系呢？在社会网络与自我传播网络之间的对应关系又是什么呢？现代人会根据自己的需要，选择适当的媒介进行交流，技术提供了某种潜质，使人们会使用适当的技术来维系特定的社会关系，这就是媒介可供性这一概念的核心内涵。

第二节　中介化社会网络：我们将哪些人安置在哪些媒体中

本部分基于箱型图对异常值进行删除，删除之后，样本的社会网络描述性统计如表 5-1 所示。

表 5-1　中介化社会网络

网络类型	关系类型	数量	百分比/%	平均值	SE
	家人	2775	29.00	2.79	0.04
面识网络	好友	3436	35.00	3.46	0.06
	普通关系	3481	36.00	3.50	0.07
	家人	2738	30.00	2.75	0.04
移动网络	好友	3205	35.00	3.22	0.06
	普通关系	3247	35.00	3.27	0.07
	家人	2110	29.00	2.13	0.05
互联网络	好友	2625	36.00	2.64	0.06
	普通关系	2577	35.00	2.59	0.07
	家人	2711	30.00	2.73	0.05
即时通信网络	好友	3270	35.00	3.29	0.06
	普通关系	3262	35.00	3.28	0.07
	家人	2455	29.00	2.47	0.06
社交媒介网络	好友	3098	36.00	3.11	0.07
	普通关系	3017	35.00	3.03	0.07

　　通过对不同基质的自我传播网络中的社会关系的构成进行分析后,本研究发现,在传播网络中,家人、好友、普通朋友的构成比例并没有很大的差异。一个可以解释的原因是,对现代人而言,人们倾向于使用一切可以使用的媒介来维系自己的社会关系。由于现代性与城市化,人们身边充斥了越来越多关系一般的朋友与同辈,而真正对我们重要的家人或好友往往离我们较远,因此,在不同基质的传播网络中,各种类型社会关系的数量并没有太大的差异。综上,RQ1 得到回答。

第三节　自我传播网络与五种孤独的回归分析

　　本节就自我传播网络的使用与 UCLA 孤独、社会孤独、情感孤独、父母孤独、同辈孤独进行多元回归分析,回归分析结果如表 5-2 至表 5-6 所示。

表 5-2 社会网络与自我传播网络到 UCLA 孤独回归分析

	常量	教育	性别	年龄	$b1$	允差	VIF	调整后的 R^2	F	D-W
面识网络	2.664	−0.066	−0.005	−0.022	−0.077****	0.991	1.009	0.056	15.763	1.925
移动网络	2.558	−0.068	−0.001	−0.024	−0.055****	0.987	1.013	0.030	8.559	1.911
互联网络	2.398	−0.063	0.010	−0.025	−0.027***	0.986	1.015	0.010	3.621	1.899
即时通信网络	2.542	−0.061	0.006	−0.022	−0.057****	0.993	1.007	0.032	9.167	1.909
社交媒介网络	2.410	−0.062	0.017	−0.028	−0.026***	0.994	1.006	0.011	3.621	1.905

备注:* $P<0.1$,** $P<0.05$,*** $P<0.01$,**** $P<0.001$。

表 5-2 中五个模型的 $D\text{-}W$ 分别为 1.925,1.911,1.899,1.909,1.905,$D\text{-}W$ 数值在 2 左右,说明数据符合样本独立。各个模型的预测变量 $VIF<5$,说明在各模型中,预测变量与控制变量之间不存在共线性问题。

表就回归模型的结果进行了总结。在控制人口变量之后:

变项面识网络($\beta=-0.077,P<0.001$),移动网络($\beta=-0.055,P<0.001$),互联网络($\beta=-0.027,P<0.01$),即时通信网络($\beta=-0.057,P<0.001$),社交媒介网络($\beta=-0.026,P<0.01$)的使用,对 UCLA 孤独感影响显著。

因此,H3.1a 自我传播网络的使用对 UCLA 孤独有显著影响得到支持。

表 5-3 社会网络与自我传播网络到社会孤独回归分析

	常量	教育	性别	年龄	$b1$	允差	VIF	调整后的 R^2	F	D-W
面识网络	3.632	−0.160	−0.046	−0.066	−0.078****	0.991	1.009	0.047	13.343	1.866
移动网络	3.590	−0.162	−0.049	−0.068	−0.071****	0.987	1.013	0.041	11.744	1.879
互联网络	3.413	−0.164	−0.038	−0.073	−0.033**	0.986	1.015	0.023	6.901	1.857
即时通信网络	3.535	−0.157	−0.039	−0.068	−0.061****	0.993	1.007	0.035	10.044	1.865
社交媒介网络	3.387	−0.157	−0.028	−0.072	−0.028**	0.994	1.006	0.021	6.232	1.870

备注:* $P<0.1$,** $P<0.05$,*** $P<0.01$,**** $P<0.001$。

表 5-3 中五个模型的 $D\text{-}W$ 分别为 1.866,1.879,1.857,1.865,1.870,$D\text{-}W$ 数值在 2 左右,说明数据符合样本独立。各个模型的预测变量 VIF<5,说明在各模型中,预测变量与控制变量之间不存在共线性问题。

表就回归模型的结果进行了总结。在控制人口变量之后：

变项面识网络（$\beta=-0.078,P<0.001$），移动网络（$\beta=-0.071,P<0.001$），互联网络（$\beta=-0.033,P<0.05$），即时通信网络（$\beta=-0.061,P<0.001$），社交媒介网络（$\beta=-0.028,P<0.05$）的使用，对社会孤独感影响显著。

因此，H3.1b 自我传播网络的使用对社会孤独有显著影响得到支持。

表 5-4　社会网络与自我传播网络到情感孤独回归分析

	常量	教育	性别	年龄	$b1$	允差	VIF	调整后的 R^2	F	D-W
面识网络	3.690	−0.131	−0.182	−0.119	−0.083****	0.991	1.009	0.061	16.964	1.861
移动网络	3.580	−0.127	−0.176	−0.119	−0.065****	0.987	1.013	0.046	12.862	1.856
互联网络	3.373	−0.131	−0.158	−0.123	−0.019	0.986	1.015	0.026	7.671	1.833
即时通信网络	3.539	−0.125	−0.170	−0.118	−0.058****	0.993	1.007	0.041	11.709	1.859
社交媒介网络	3.378	−0.126	−0.153	−0.125	−0.020	0.994	1.006	0.027	7.817	1.833

备注：$^*P<0.1,^{**}P<0.05,^{***}P<0.01,^{****}P<0.001$。

表 5-4 中五个模型的 D-W 分别为 1.861,1.856,1.833,1.859,1.833,D-W 数值在 2 左右，说明数据符合样本独立。各个模型的预测变量 $VIF<5$，说明在各模型中，预测变量与控制变量之间不存在共线性问题。

表就回归模型的结果进行了总结。在控制人口变量之后：

变项面识网络（$\beta=-0.083,P<0.001$），移动网络（$\beta=-0.065,P<0.001$），即时通信网络（$\beta=-0.058,P<0.001$）的使用，对情感孤独影响显著。

因此，H3.1c 自我传播网络的使用对情感孤独有显著影响得到支持。

表 5-5　社会网络与自我传播网络到父母孤独回归分析

	常量	教育	性别	年龄	$b1$	允差	VIF	调整后的 R^2	F	D-W
面识网络	2.358	0.030	−0.109	−0.142	−0.056**	0.989	1.101	0.026	7.660	1.781
移动网络	2.479	0.024	−0.116	−0.139	−0.102***	0.984	1.016	0.034	9.831	1.788
互联网络	2.228	0.044	−0.104	−0.143	−0.004	0.991	1.010	0.022	6.462	1.789
即时通信网络	2.476	0.030	−0.112	−0.142	−0.107****	0.996	1.004	0.043	11.003	1.799
社交媒介网络	2.277	0.037	−0.101	−0.143	−0.020	0.997	1.003	0.026	6.519	1.781

备注：$^*P<0.1,^{**}P<0.05,^{***}P<0.01,^{****}P<0.001$。

表 5-5 中五个模型的 $D\text{-}W$ 分别为 $1.781,1.788,1.789,1.799,1.781$,$D\text{-}W$ 数值在 2 左右,说明数据符合样本独立。各个模型的预测变量 $VIF<5$,说明在各模型中,预测变量与控制变量之间不存在共线性问题。

表就回归模型的结果进行了总结。在控制人口变量之后:

变项面识网络($\beta=-0.056,P<0.05$),移动网络($\beta=-0.102,P<0.01$),即时通信网络($\beta=-0.107,P<0.001$)的使用,对父母孤独影响显著。

因此,H3.1d 自我传播网络的使用对父母孤独有显著影响得到支持。

表 5-6　社会网络与自我传播网络到同辈孤独回归分析

	常量	教育	性别	年龄	b1	允差	VIF	调整后的 R^2	F	D-W
面识网络	3.448	−0.138	0.049	−0.047	−0.121****	0.992	1.008	0.085	24.088	1.884
移动网络	3.341	−0.139	0.059	−0.044	−0.099****	0.989	1.011	0.053	14.923	1.873
互联网络	3.187	−0.137	0.065	−0.042	−0.067****	0.985	1.015	0.034	9.832	1.870
即时通信网络	3.370	−0.136	0.071	−0.035	−0.117****	0.992	1.008	0.066	18.605	1.858
社交媒介网络	3.274	−0.141	0.071	−0.045	−0.081****	0.994	1.006	0.052	13.520	1.874

备注:* $P<0.1$,** $P<0.05$,*** $P<0.01$,**** $P<0.001$。

表 5-6 中五个模型的 $D\text{-}W$ 分别为 $1.884,1.873,1.870,1.858,1.874$,$D\text{-}W$ 数值在 2 左右,说明数据符合样本独立。各个模型的预测变量 $VIF<5$,说明在各模型中,预测变量与控制变量之间不存在共线性问题。

表就回归模型的结果进行了总结。在控制人口变量之后:

变项面识网络($\beta=-0.121,P<0.001$),移动网络($\beta=-0.099,P<0.001$),互联网络($\beta=-0.067,P<0.001$),即时通信网络($\beta=-0.117,P<0.001$),社交媒介网络($\beta=-0.081,P<0.001$)的使用,对同辈孤独影响显著。

因此,H3.1e 自我传播网络的使用对同辈孤独有显著影响得到支持。

第四节　传播网络所中介的社会网络与孤独感的回归分析

本节将就传播网络所中介的社会网络与 UCLA 孤独、社会孤独、情感孤独、父母孤独、同辈孤独进行回归分析,回归分析结果如表 5-7 至表 5-11 所示。

表 5-7 中的模型 A1 显示,在教育与 UCLA 孤独之间存在显著负相关性,这意味着教育程度越高,他们的 UCLA 孤独程度越低。

模型 A2 将面对面交往中的社会关系总数作为预测变量,而模型 A3 到模型 A6 则分别将移动网络、互联网络、即时通信网络、社交媒介网络中的社会关系作为预测变量。

结果显示,教育与面识网络、移动网络、互联网络、即时通信网络、社交媒介网络中的社会网络规模对 UCLA 孤独有显著负向影响,这说明,被试的教育程度越高,面识网络、移动网络、互联网络、即时通信网络、社交媒介网络中的社会网络越大,和其他的参与者相比,UCLA 孤独程度越低。

模型 A7 到 A11 测量不同媒介交流渠道中的社会关系组成与个体的孤独感之间有什么样的联系。结果发现,教育程度越高,面识网络、移动网络、互联网络、即时通信网络、社交媒介网络中亲密朋友越多的人,他们的 UCLA 孤独程度越低,同时,互联网络、社交媒介网络中家人关系越高,UCLA 孤独程度越高。

在其他的模型中,尽管人口变量对 UCLA 孤独依旧存在影响,但是,在诸如面识网络、移动网络、即时通信网络等网络中的社会关系与个体的 UCLA 孤独并不存在相关性。

因此,H3.2a 传播网络所中介的社会网络对 UCLA 孤独有显著影响得到支持。

表 5-8 中的模型 B1 显示,在年龄、教育程度与社会孤独之间存在显著负相关性,这意味着年龄与教育程度越高,他们的社会孤独程度越弱。

模型 B2 将面对面交往中的社会关系总数作为预测变量,而模型 B3 到模型 B6 则分别将移动网络、互联网络、即时通信网络、社交媒介网络中的社会关系作为预测变量。

结果显示,年龄、教育程度与面识网络、移动网络、互联网络、即时通信网络、社交媒介网络中的社会网络规模对社会孤独有显著负向影响,这说明,被试的年龄越大、教育程度越高,面识网络、移动网络、互联网络、即时通信网络、社交媒体网络中的社会网络越大,和其他的参与者相比,社会孤独程度越低。

模型 B7 到 B11 测量不同媒介交流渠道中的社会关系组成与个体的孤独感之间有什么样的联系。结果发现,年龄越大,教育程度越高,且在面识网络、移动网络、互联网络、即时通信网络、社交媒介网络中亲密朋友越多的人,他们的社会孤独程度越低。相反,在即时通信网络、社交媒介网络中家人关系越多的人,他们的情感孤独程度越高。同时,在即时通信网络中,普通关系越多的人,他们的情感孤独程度越高。

表 5-7 中介化社会网络与 UCLA 孤独回归分析

	MODLE A1		MODLE A2		MODLE A3		MODLE A4		MODLE A5		MODLE A6		MODLE A7		MODLE A8		MODLE A9		MODLE A10		MODLE A11	
	β	SE	β	SE	β	SE	β	SE	β	SE	β	SE	β	SE	β	SE	β	SE	β	SE	β	SE
教育	-0.06*	0.03	-0.06*	0.03	-0.06*	0.03	-0.06*	0.03	-0.06*	0.03	-0.06*	0.03	-0.06*	0.03	-0.06*	0.03	-0.05*	0.03	-0.06*	0.03	-0.06*	0.03
性别	0.03	0.05	-0.01	0.04	-0.01	0.05	0.01	0.05	0.01	0.04	0.02	0.05	-0.01	0.04	-0.01	0.04	0.01	0.05	0.01	0.04	0.01	0.04
年龄	-0.03	0.02	-0.02	0.02	-0.02	0.02	-0.02	0.02	-0.02	0.02	-0.03	0.02	-0.03	0.02	-0.02	0.02	-0.02	0.02	-0.03	0.02	-0.03	0.02
面识总数																						
移动总数			-0.06***	0.01																		
互联总数					-0.04***	0.01																
IM总数							-0.02***	0.01														
SNS总数									-0.05***	0.01												
面识家人											-0.03***	0.01										
面识好友													-0.08***	0.01								
面识普通													-0.01	0.01								
移动家人															0.01	0.02						
移动好友															-0.06***	0.02						
移动普通															-0.02	0.01						
互联家人																	0.05*	0.02				
互联好友																	-0.09***	0.02				
互联普通																	0.02	0.02				
IM家人																			0.03	0.02		
IM好友																			-0.08***	0.02		
IM普通																			-0.01	0.01		
SNS家人																					0.08***	0.02
SNS好友																					-0.07***	0.02
SNS普通																					-0.03	0.02
N	995		995		995		995		995		995		995		995		995		995		995	
调整 R	0.005		0.056		0.035		0.013		0.038		0.018		0.066		0.041		0.031		0.049		0.045	

备注:* P<0.1,** P<0.05,*** P<0.01,**** P<0.001。

表 5-8　中介化社会网络与社会孤独回归分析

	MODLE B1		MODLE B2		MODLE B3		MODLE B4		MODLE B5		MODLE B6		MODLE B7		MODLE B8		MODLE B9		MODLE B10		MODLE B11	
	β	SE	β	SE	β	SE	β	SE	β	SE	β	SE	β	SE	β	SE	β	SE	β	SE	β	SE
教育	-0.16***	0.04	-0.15***	0.04	-0.16***	0.04	-0.16***	0.04	-0.16***	0.04	-0.16***	0.04	-0.15***	0.04	-0.16***	0.04	-0.16***	0.04	-0.15***	0.04	-0.15***	0.04
性别	-0.02	0.06	-0.05	0.06	-0.05	0.06	-0.04	0.06	-0.04	0.06	-0.03	0.06	-0.05	0.06	-0.05	0.06	-0.05	0.06	-0.04	0.06	-0.04	0.06
年龄	-0.07**	0.03	-0.07***	0.03	-0.07***	0.03	-0.07***	0.03	-0.07***	0.03	-0.07***	0.03	-0.07***	0.03	-0.07***	0.03	-0.07***	0.03	-0.06***	0.03	-0.06***	0.03
面识总数			-0.06***	0.01																		
移动总数					-0.05***	0.01																
互联总数							-0.02***	0.01														
IM 总数									-0.05***	0.01												
SNS 总数											-0.023**	0										
面识家人													0.01	0.03								
面识好友													-0.08***	0.02								
面识普通													-0.01	0.02								
移动家人															0.01	0.03						
移动好友															-0.09***	0.02						
移动普通															0.00	0.02						
互联家人																	0.01	0.03				
互联好友																	-0.09***	0.02				
互联普通																	0.00	0.02				
IM 家人																			0.07***	0.03		
IM 好友																			-0.12***	0.02		
IM 普通																			0.04**	0.02		
SNS 家人																					0.05**	0.02
SNS 好友																					-0.12***	0.02
SNS 普通																					0.00	0.02
N	995		995		995		995		995		995		995		995		995		995		995	
调整 R	0.062		0.061		0.064		0.066		0.066		0.064		0.064		0.067		0.067		0.068		0.066	

备注：* $P<0.1$，** $P<0.05$，*** $P<0.01$，**** $P<0.001$。

因此，H3.2b 传播网络所中介的社会网络对社会孤独感有显著影响得到支持。

表 5-9 中的模型 C1 显示，在年龄、性别、教育与情感孤独之间存在显著负相关性，这意味着年龄越大、教育程度越高，他们的情感孤独越强程度越低；女性比男性的情感孤独程度低。

模型 C2 将面对面交往中的社会关系总数作为预测变量，而模型 C3 到模型 C6 则分别将移动网络、互联网络、即时通信网络、社交媒介网络中的社会关系作为预测变量。

结果显示，年龄与面识网络、移动网络、即时通信网络、社交媒介网络中的社会网络规模对情感孤独有显著负向影响，这说明，被试的年龄越大，面识网络、移动网络、互联网络、即时通信网络、社交媒介网络中的社会网络越大，和其他的参与者相比，他们的情感孤独程度越低。

模型 C7 到 C11 测量不同媒介交流渠道中的社会关系组成与个体的孤独感之间有什么样的联系。结果发现，女性年龄越大、教育程度越高，且在面识网络、移动网络、互联网络、即时通信网络、社交媒体网络中好友关系越多的人，他们的情感孤独程度越低；相反，在互联网络、即时通信网络、社交媒体网络中家人关系越多的人，他们的情感孤独程度越高。同时，在社交媒介网络中，普通关系越多的人，他们的情感孤独程度越低。

因此，H3.2c 传播网络所中介的社会网络对情感孤独有显著影响得到支持。

表 5-10 中的模型 D1 显示，在性别、年龄与父母孤独之间存在显著负相关性，这意味着年龄越大，他们的父母孤独程度越低，同时，男性比女性更容易出现父母孤独。

模型 D2 将面对面交往中的社会关系总数作为预测变量，而模型 D3 到模型 D6 则分别将移动网络、互联网络、即时通信网络、社交媒体网络中的社会关系作为预测变量。

结果显示，性别、年龄与面识网络、移动网络、互联网络、即时通信网络、社交媒介网络中的社会网络规模对父母孤独有显著负向影响，这说明，男性且年龄越大，面识网络、移动网络、互联网络、即时通信网络、社交媒介网络中的社会网络越大，和其他的参与者相比，父母孤独程度越低。

模型 D7 到 D11 测量不同媒介交流渠道中的社会关系组成与个体的孤独感之间有什么样的联系。结果发现，男性且年龄越小，且在面识网络、移动网络、互联网络、即时通信网络、社交媒介网络中亲密或一般朋友越多的人，他们的父母孤独感越低，同时，互联网络、社交媒介网络中家人关系越多，父母孤独程度越强。

因此，H3.2d 传播网络所中介的社会网络对父母孤独有显著影响得到支持。

表 5-11 中的模型 E1 显示，在教育与同辈孤独之间存在显著负相关性，这意味着教育程度越高，他们的同辈孤独程度越低。

模型 E2 将面对面交往中的社会关系总数作为预测变量，而模型 E3 到模型 E6 则分别将移动网络、互联网络、即时通信网络、社交媒体网络中的社会关系作为预测变量。

结果显示，教育与面识网络、移动网络、互联网络、即时通信网络中的社会网络规模对同辈孤独有显著影响，这说明，被试的教育程度越高，面识网络、移动网络、互联网络、即时通信网络中的社会网络越大，和其他的参与者相比，同辈孤独程度越低。

模型 E7 到 E11 测量不同媒介交流渠道中的社会关系组成与个体的孤独感之间有什么样的联系。结果发现，教育程度越高，面识网络、移动网络、互联网络、即时通信网络、社交媒介网络中亲密朋友越多的人，他们的同辈孤独程度越低，同时，互联网络、社交媒介网络中家人关系越多，同辈孤独程度越高。

在其他的模型中，尽管人口变量对同辈孤独感依旧存在影响，但是，在诸如面识网络、移动网络、即时通信网络等网络中的社会关系与个体的同辈孤独感并不存在相关性。

因此，H3.2e 传播网络所中介的社会网络对同辈孤独有显著影响得到支持。

表 5-9　中介化社会网络与情感孤独回归分析

	MODLE C1		MODLE C2		MODLE C3		MODLE C4		MODLE C5		MODLE C6		MODLE C7		MODLE C8		MODLE C9		MODLE C10		MODLE C11	
	β	SE	β	SE	β	SE	β	SE	β	SE	β	SE	β	SE	β	SE	β	SE	β	SE	β	SE
教育	-0.12**	0.04	-0.12***	0.04	-0.12***	0.04	-0.13***	0.04	-0.13***	0.04	-0.13***	0.04	-0.12***	0.04	-0.11***	0.04	-0.12***	0.04	-0.12***	0.04	-0.12***	0.04
性别	-0.15**	0.06	-0.19**	0.06	-0.18**	0.06	-0.16**	0.06	-0.17**	0.06	-0.16**	0.06	-0.19**	0.06	-0.18**	0.06	-0.17**	0.06	-0.17**	0.06	-0.16**	0.06
年龄	-0.12***	0.03	-0.12***	0.03	-0.12***	0.03	-0.12***	0.03	-0.12***	0.03	-0.13***	0.03	-0.12***	0.03	-0.12***	0.03	-0.11***	0.03	-0.12***	0.03	-0.12***	0.03
面识总数			-0.06***	0.01																		
移动总数					-0.05***	0.01																
互联总数							-0.02	0.01														
SNS总数									-0.05**	0.01												
面识家人											-0.02**	0.01	-0.01	0.03								
面识好友													-0.08***	0.02								
面识普通													-0.01	0.02								
移动家人															0.04	0.03						
移动好友															-0.11***	0.02						
移动普通															0.00	0.02						
互联家人																	0.10***	0.03				
互联好友																	-0.11***	0.02				
互联普通																	0.01	0.02				
IM家人																			0.05**	0.02		
IM好友																			-0.10***	0.02		
IM普通																			-0.02	0.02		
SNS家人																					0.12***	0.02
SNS好友																					-0.09***	0.02
SNS普通																					-0.04**	0.02
N	995		995		995		995		995		995		995		995		995		995		995	
调整 R	0.080		0.083		0.083		0.082		0.084		0.081		0.087		0.085		0.083		0.085		0.082	

备注: * P<0.1, ** P<0.05, *** P<0.001。

表 5-10　中介化社会网络与父母孤独回归分析

	MODLE D1		MODLE D2		MODLE D3		MODLE D4		MODLE D5		MODLE D6		MODLE D7		MODLE D8		MODLE D9		MODLE D10		MODLE D11	
	β	SE	β	SE	β	SE	β	SE	β	SE	β	SE	β	SE	β	SE	β	SE	β	SE	β	SE
教育	0.04	0.04	0.04	0.04	0.03	0.04	0.04	0.04	0.04	0.04	0.04	0.04	0.04	0.04	0.04	0.04	0.05	0.04	0.05	0.04	0.05	0.04
性别	-0.10***	0.06	-0.15***	0.06	-0.14***	0.06	-0.12**	0.06	-0.13**	0.06	-0.12**	0.06	-0.15*	0.06	-0.14***	0.06	-0.12**	0.06	-0.13*	0.06	-0.12***	0.06
年龄	-0.14***	0.03	-0.14***	0.03	-0.14***	0.03	-0.14***	0.03	-0.14***	0.03	-0.14***	0.03	-0.14***	0.03	-0.14***	0.03	-0.13***	0.03	-0.13***	0.03	-0.14***	0.03
面识总数			-0.07***	0.01																		
移动总数					-0.06***	.01																
互联总数							-0.02**	0.01														
IM 总数									-0.06***	0.01												
SNS 总数											-0.04***	0.01										
面识家人													-0.02	0.03								
面识好友													-0.05***	0.02								
面识普通													-0.05***	0.02								
移动家人															0.02	0.03						
移动好友															-0.06***	0.02						
移动普通															-0.04***	0.02						
互联家人																	0.10***	0.03				
互联好友																	-0.07***	0.02				
互联普通																	-0.04**	0.02				
IM 家人																			0.03	0.03		
IM 好友																			-0.10***	0.02		
IM 普通																			-0.02	0.02		
SNS 家人																					0.13***	0.02
SNS 好友																					-0.09***	0.02
SNS 普通																					-0.07***	0.02
N	995		995		995		995		995		995		995		995		995		995		995	
调整 R	0.025		0.075		0.053		0.030		0.056		0.044		0.072		0.056		0.046		0.064		0.082	

备注：* $P<0.1$，** $P<0.05$，*** $P<0.01$，**** $P<0.001$。

表 5-11 中介化社会网络与同事孤独回归分析

	MODLE E1		MODLE E2		MODLE E3		MODLE E4		MODLE E5		MODLE E6		MODLE E7		MODLE E8		MODLE E9		MODLE E10		MODLE E11	
	β	SE	β	SE	β	SE	β	SE	β	SE	β	SE	β	SE	β	SE	β	SE	β	SE	β	SE
教育	-0.14***	0.04	-0.14***	0.04	-0.14***	0.04	-0.15***	0.04	-0.14***	0.04	-0.14***	0.04	-0.14***	0.04	-0.13***	0.04	-0.13***	0.04	-0.13***	0.04	-0.14***	0.04
性别	0.10	0.06	0.04	0.06	0.06	0.06	0.08	0.06	0.07	0.06	0.08	0.06	0.05	0.06	0.06	0.06	0.07	0.06	0.07	0.06	0.08	0.06
年龄	-0.05	0.03	-0.04	0.03	-0.04	0.03	-0.04	0.03	-0.04	0.03	-0.05	0.03	-0.05	0.03	-0.04	0.03	-0.04	0.03	-0.03	0.03	-0.05	0.03
面识总数			-0.08***	0.01																		
移动总数					-0.06	0.01																
互联总数							-0.03***	0.009														
IM 总数									-.07***	0.01												
SNS 总数											-0.04	0.01										
面识家人													0.00	0.03								
面识好友													-0.12***	0.02								
面识普通													-0.01	0.02								
移动家人															0.03	0.03						
移动好友															-0.10***	0.02						
移动普通															-0.02	0.02						
互联家人																	0.06***	0.03				
互联好友																	-0.11***	0.02				
互联普通																	0.01	0.02				
IM 家人																			0.02	0.02		
IM 好友																			-0.12***	0.02		
IM 普通																			-0.01	0.02		
SNS 家人																					0.06***	0.02
SNS 好友																					-0.11***	0.02
SNS 普通																					-0.01	0.02
N	995		995		995		995		995		995		995		995		995		995		995	
调整 R	0.017		0.075		0.050		0.031		0.058		0.040		0.089		0.058		.047		0.071		0.060	

备注：* $P<0.1$，** $P<0.05$，*** $P<0.001$。

第五节 自我传播网络聚类分析与群组比较

为了对现代人的媒介使用行为进行分类,本研究采用的是聚类分析,用平均欧式距离的方法针对现代人不同传播媒介的使用进行聚类。结果发现,最终可以聚合成三个类别,根据其传播网络使用频率,将其分为重度使用组、中度使用组与轻度使用组,聚类结果的比较见表 5-12。

表 5-12 聚类结果的比较

数量		轻度使用		中度使用		重度使用组	
		644		311		27	
性别	男性	41%		52%		63%	
	女性	59%		48%		37%	
年龄	20 岁以下	27%		25%		19%	
	20~29 岁	45%		48%		48%	
	30~39 岁	14%		13%		19%	
	40 岁及以上	14%		14%		14%	
学历	高中、中专或技校及以下	13%		13%		11%	
	大专	9%		12%		11%	
	本科及以上	78%		75%		78%	
		均值	标准差	均值	标准差	均值	标准差
自我社会网络关系强度	强关系	4.60	1.69	6.04	2.45	8.09	3.57
	弱关系	4.18	2.36	5.02	2.75	6.13	3.59
孤独的五个构面	UCLA 孤独	2.17	0.71	1.95	0.67	1.71	0.52
	社会孤独	2.78	0.92	2.53	0.88	2.26	0.80
	情感孤独	2.69	0.93	2.46	0.91	2.44	0.85
	父母孤独	2.05	0.97	1.83	0.89	1.65	0.74
	同辈孤独	2.72	0.92	2.37	0.86	2.11	0.79

本研究首先就这三组在性别、年龄、教育程度的分布上做了频率统计描述。进一步通过组间方差比较，就各媒介试用组的孤独感与社交网络情况做了分析。研究发现：

通过组间方差比较，发现在自我社会网络强关系上，在主效应上存在差异（$F(2,993)=82.4$，$P<0.001$），Tukey HSD 事后检验发现，这三组之间在自我社会网络强关系上均存在显著差异，轻度使用组的得分最低；

通过组间方差比较，发现在自我社会网络弱关系上，在主效应上存在差异（$F(2,993)=17.3$，$P<0.001$），Tukey HSD 事后检验发现，仅重度使用者与另外两组在自我社会网络弱关系上存在显著差异，轻度使用组的得分最低；

通过组间方差比较，发现在社会孤独上，在主效应上存在差异（$F(2,993)=11.5$，$P<0.001$），Tukey HSD 事后检验发现，仅在重度使用者与另外两组在社会孤独变量上存在显著差异，重度使用组的得分最低；

通过组间方差比较，发现在情感孤独上，在主效应上存在差异（$F(2,993)=6.9$，$P<0.001$），Tukey HSD 事后检验发现，仅在重度使用者与另外两组在情感孤独上存在显著差异，重度使用组的得分最低；

通过组间方差比较，发现在同辈孤独上，在主效应上存在差异（$F(2,993)=19.8$，$P<0.001$），Tukey HSD 事后检验发现，仅在重度使用者与另外两组在同辈孤独上存在显著差异，重度使用组的得分最低；

通过组间方差比较，发现在父母孤独上，在主效应上存在差异（$F(2,993)=7.4$，$P<0.001$），Tukey HSD 事后检验发现，仅在重度使用者与另外两组在父母孤独上存在显著差异，重度使用组的得分最低；

通过组间方差比较，发现在 UCLA 孤独上，在主效应上存在差异（$F(2,993)=14.4$，$P<0.001$），Tukey HSD 事后检验发现，仅在重度使用者与另外两组在 UCLA 孤独上存在显著差异，重度使用组的得分最低。

综上，RQ2 得到回答。

第六节　结论与讨论

本部分就由自我传播网络所中介的社会网络是否与孤独感之间存在负向显著影响进行了检视。研究结果发现，从总体上来看，传播网络作为现代人社会网络的载体，与不同维度的孤独感之间存在显著负向影响。但与此同时，在自我传播网络中，不同媒介对孤独感的影响是不同的。

一、谁在我的传播网络中

通过对不同基质的自我传播网络中的社会关系构成进行分析后,本研究发现,在不同基质传播网络中各类关系的比例并未出现太大的差异。这说明,人们更加倾向于使用各类媒介来维系自己的社会关系。那么,不同传播网络对于个体不同维度的孤独感影响力有何不同呢?

二、自我传播网络影响力的差序格局

研究结果显示:面识网络、移动网络、互联网络、即时通信网络、社交媒介网络中的网络规模越大,人们的 UCLA 孤独、社会孤独、情感孤独、父母孤独、同辈孤独程度就越低。这一研究结果与相关学者的发现接近,线下社会网络与人们的整体孤独感(包括社会孤独、情感孤独)是负相关性,而线上的社会网络则与人们的情感孤独呈负相关性[128]。就现有研究中所发现的网络规模对于孤独感存在负相关性的结论而言,与现有的研究发现一致。现有研究指出,并不是越小的网络就意味着会有越高质量的关系,事实上,质量和数量往往是捆绑在一起的,更大的网络不仅提供支持,而且更大的网络中的每个人都更愿意提供帮助[111]。

通过对不同媒介所中介的社会网络与孤独感之间的关系进行回归分析,我们有了新的发现。

首先,就中介化的好友关系而言,在面识网络、移动网络、互联网络、即时通信网络、社交媒介网络中,好友关系越多,其 UCLA 孤独、社会孤独、情感孤独、父母孤独、同辈孤独程度就越低。有学者指出,传播网络中的亲密好友对于个体有着十分重要的影响[85,129]。可以看出,传播网络中的亲密好友关系,对现代人多维度的孤独感有着显著负向影响,传播网络中好友关系越多,越能减少个体的孤独感。其实,这一发现可以分两面来说,一方面是现代人越来越多地使用各类媒介进行社会交往,而人们实际上在现实生活中也逐渐模糊了"对话"与"书写"之间的边界。美国的一项研究指出,青少年往往认为自己的短信是"对话"而非"书写"[130]。另一方面,就好友这种特殊的社会关系而言,这种社会关系的重要性在现有的研究中是有所涉及的。有研究指出,对现代人真正重要的往往是朋友,而非亲戚[131]。

其次,就中介化的家人关系而言,在互联网络、社交媒体网络中,家人关系越多,其 UCLA 孤独、社会孤独、情感孤独、同辈孤独、父母孤独程度就越高。其中可能的原因是,家人关系是一种强社会关系,互联网络、社交媒介网络虽然打破了空间的距离,使得家人之间可以进行远距离的交往,但是,

或许由于线上的交往始终无法给个体提供与线下交往同等的社会资本或情感支持[65],因此,当个体过度依赖线上传播网络与家人维持关系时,会增加个体不同维度的孤独感。与此相比,面识网络与移动网络的同步性特征,使得人们可以更为及时地获得情感支持与即时的联系。关于这点,教皇本笃十六世在称赞信息和通信技术传递信息的能力和价值的同时,要世人远离电脑,呼吁人们要更多地进行面对面的交流与人际接触。

再次,就中介化的普通关系而言,在社交媒介网络中,普通关系越多,其情感孤独程度越低;在即时通信网络中,普通关系越多,其社会孤独程度越高。其可能的解释是,社交媒介从其技术特质上更多的是用于展示自我,而即时通信工具则更多的用于进行深层次的交流,进行自我表露。从这个意义上来说,即时通信工具更接近社会资本中的粘连社会资本[71]。而当我们过多使用即时通信工具与陌生人进行交流时,我们用于与身边好友社交的时间会被替代,进而出现社会孤独。

上述的观点,可以在进一步的访谈中获得支持。

问:当你在用媒介维系社会关系时,你在使用不同媒介的时候感觉一样吗?你觉得哪些方式在维系社会关系时比较有效?

答:感觉当然会不一样啊,我觉得面对面交流最有效了,我一般直接喊好友出来,然后喝个酒什么的,用微信什么的感觉差了很多,但是,话又说回来,自己很多真正的好友都不在身边,所以不得已才用电话、微信等交流手段。怎么说呢,那些工具的确很重要,但是如果我和朋友用这些工具,一定是出于很多客观条件上的局限采用的。(F先生)

答:其实,我觉得微信和面对面交往的感觉差不多,而且我感觉在使用微信的时候,也能够出现对方就在我身边的感觉,其实并没有差别。而且我觉得微信在交流的时候感觉更好,因为用文字比用语音更容易控制。(N女士)

综上,我们可以下如下判断:

(1)传播网络中介着现代人的社会网络,影响着现代人不同维度的孤独感。

(2)面识网络具有不可替代性,其影响要远远大于其他网络的作用。

(3)即时通信网络与社交媒介网络具有两面性,即时通信网络与社交媒介网络的使用对现代人的孤独感也有很重要的影响,但这种影响需要分两面来看待。一方面,当其用于维系朋友关系时,对不同类型孤独感的降低有显著作用;另一方面,当其用于维系家人关系时,则会显著增加父母孤独感。

综上,现代人自我传播网络对于个体孤独感的影响存在着差序格局的现象,在对不同类型孤独感影响的显著性与效价上均有所不同。

三、自我传播网络使用行为聚类分析

聚类分析部分是对网络化个人主义时代中自我传播网络作用的整体考察。与现在大多数学者单独区分传播媒介,将其分为即时通信、社交媒介、电子邮件的方法不同,本研究采取了网络化个人主义的视角:在现代社会,人与人关系的勾连与缔结很少会按照先前学者们所规定的单一的方式进行传播,人与人关系的缔结往往通过不同的传播渠道建立而成。通过对个体传播网络使用行为的聚类分析,支持了这个观点。

1. 自我传播网络的整合使用

通过聚类分析发现,自我传播网络一般是整合在一起使用的,并未出现有某类群体特别倾向于使用某类媒介的现象,不管是轻度、中度还是重度的传播网络使用者,都是在整体的媒介使用程度上与其他组存在差异。

从聚类分析的结果可以看出,自我传播网络是由多种不同的传播形式组成的复合体。人与人之间的勾连是由多种不同的传播形式交互、融合完成的。而之所以这样,或许是由于个体需要通过不同媒介的使用来控制社会交往的强度和范围。虽然永远在线对网络化个人主义时代的个体而言十分重要,因为这可以增强他们网络化的能力,但是,更为重要的一点,正如纳奥米·巴伦(Naomi Baron)所说,不同的传播渠道可以使我们在自己的社交生活中"控制强度"。正是这种媒介之间的平衡,使得整合的媒介使用显得尤为重要。我们可以推测,在现代社会中,我们无法时刻与家人、好友或朋友保持面识关系,而这种面识关系的缺失,需要通过其他不同媒介的共通使用才得以弥补。或许,正是通过这种整合性的媒介使用,我们可以从不同的媒介中获得与维系现有关系所需的技术特质,进而使自己的社会关系网络获得自治的自由。

2. 社会网络越发达,越倚重自我传播网络的使用

对重度、中度、轻度传播网络使用者进行分类后再进行组间比较,结果发现,在社会网络上,这三组存在如下区别:重度传播网络使用者在自我社会网络强关系和自我社会网络弱关系的数量上要明显大于另外两组。或许这从社会网络结构上可以解释,个体之所以倚重传播网络,与自己的社会网络现状有密切的关系,不同类型的关系均需依托媒介来维系。但是,这个结

果的另外一种可能性解读是人们越多地使用自我传播网络，越会进一步扩展自己的社会网络，进而使得自己的社会关系变得更为丰富。

3. 越多越开心：传播网络使用与孤独感的抑制

在孤独感上，这三组存在如下区别：重度传播网络使用者在几种不同类型的孤独感上，都要明显低于其他两个组。这或许说明了传播网络作为现代人社会资本的提供渠道，对现代人有重要的影响。

通过聚类分析发现，现代人对传播网络的使用并不存在特别偏重于某一类型的媒介使用的现象，与此同时，传播网络的使用给现代人带来的裨益在组间比较中能够看出。我们选择合适的媒介来维系我们的社会关系，传播网络提供了现代人维系社会关系的载体。因此，从这个角度来看，我们越多使用传播网络，就会获得越多减少孤独感所需要的社会关系。

总之，从结构性的观点来看，传播并不是简单的线性模式，而是一个网状模式。人与人之间的勾连并不只用单一的传播方式，他可能同时使用面识网络、移动网络、互联网络与他人发生勾连。正是基于不同的传播方式与渠道，我们每个人形成了一张张以个人为中心的动态的网，而我们每个人则置身于由自己所编织的中介化社会网络之中。由于人们所拥有的社会网络结构不同，所以，不同的人会用不同的方式来编织自我传播网络。而且，不同的人在编织自我传播网络时的能力、习惯不同，这将决定人们能否从自我传播网络中获得网络资本，减少自我的孤独感。对现代人而言，自己所拥有的社会网络虽然依旧重要，但同样重要的是能否积极建构自我传播网络。

第六章　社会网络、自我传播网络与五种孤独

第一节　社会网络与孤独感：自我传播网络的中介作用

可供性这一概念，耦合了威尔曼的两个关键词："网络化个人主义"与"新的社会化操作系统"。它们在本研究中对应的是"社会网络"与"自我传播网络"，于是，也进一步指出了自我传播网络对于现代人社会网络而言的不可或缺性。虽然有研究指出，个体社会网络对孤独感存在显著影响，但也有研究指出，社会网络对个体孤独感的影响并不显著，这样看似矛盾的研究结果说明，在社会网络与孤独感这两个变量之间存在着第三个变量中介着两者的关系，或者说存在一个与社会网络一同对孤独感产生影响的共变量。

现代人使用一切可以使用的媒介维系着自己的社会网络。社会网络之所以能够减少现代人的孤独感，一个很重要的原因是传播网络的使用。有研究指出，社会网络与传播网络同样重要，但是唯有当两者都发挥作用时，才会对个体的社会心理，诸如幸福感产生影响。研究者指出，社会网络中虽然存在社会资本，但唯有通过传播网络的使用，才能将其加以转换，并给自己带来益处[67]。

有研究指出，社会网络之所以能给个体带来幸福感，与传播网络的使用有很大的关系。在该研究中，分别对自我社会网络与幸福感、自我传播网络与幸福感、自我传播网络与自我社会网络做了三次多元回归分析，发现三者之间均存在显著影响。研究者推论，社会网络与传播网络对幸福感存在交

互的影响[66]。

综上,社会网络对于孤独感的影响可能是直接,也可能是间接的。社会网络中强、弱社会关系的数量与同质性程度对孤独感可能存在负向影响;而间接路径则是通过传播网络这一变量。分析中介机制对分析两个变量之间的关系十分重要。简单来说,本部分想着重考量的是,个体通过不同类型的媒介维系不同维度的社会关系,对孤独感会有什么不同的影响。

本研究将进一步对社会网络与孤独感之间的中介关系予以分析,并提出如下研究问题。

RQ3:自我传播网络的使用对社会网络与孤独感之间的关系是否存在显著间接效应?

具体而言,研究问题如下:

RQ3a:自我传播网络的使用对社会网络与 UCLA 孤独之间的关系是否存在显著间接效应?

RQ3b:自我传播网络的使用对社会网络与社会孤独之间的关系是否存在显著间接效应?

RQ3c:自我传播网络的使用对社会网络与情感孤独之间的关系是否存在显著间接效应?

RQ3d:自我传播网络的使用对社会网络与父母孤独之间的关系是否存在显著间接效应?

RQ3e:自我传播网络的使用对社会网络与同辈孤独之间的关系是否存在显著间接效应?

第二节　社会网络、自我传播网络与五种孤独的中介效果检验

本部分实证的是社会网络与孤独感之间的关系受传播网络中介。为了检验这个假设,采用了多次阶层回归,其原理是通过多次使用阶层回归,获知在因变量的变化之中,有多少变化是由自变量所引起的,以及有多少变化是中介变量引起的。

举例而言,在回归方程 1 中,只有将预测变量放入了回归方程中,才能获知其对因变量所发生变异的解释力。

在这部分变异中,可能包含着中介变量对因变量的影响。

在下一步回归方程中,把中介变量放入回归方程中,那么,此时因变量

所发生的变异一定是由刚放入回归方程的中介变量所引起的。

在第二次回归中，预测变量的放入顺序经过了调整。中介变量首先进入回归方程，预测变量则随后进入回归方程。通过将中介变量首先放入回归方程，我们可以获得由中介变量所引起的因变量的影响量，在这部分因变量中，同样包含了中介变量与自变量两方面的影响。

在下一步的回归方程中，自变量被放入其中，那么因变量所发生的变异则源自预测变量的影响。

同时，本研究还将通过 Sobel 检验，对中介效应进行分析。

如表 6-1 所示，在回归方程 1 中，在控制了人口变量所引起的 0.5% 的变异后，自变量自我社会网络强关系（$\beta = -0.070, t = -6.827, P < 0.001$）解释了因变量 4.6% 的变异，$R^2 = 0.051, P < 0.05$。

而当中介变量即时通信网络（$\beta = -0.046, t = -2.227, P < 0.01$）、社交媒介网络（$\beta = 0.042, t = 2.526, P < 0.01$）、面识网络（$\beta = -0.074, t = -4.361, P < 0.001$），自变量自我社会网络强关系仅解释了 4.6% 的变异，而中介变量（传播网络）则解释了因变量 3.8% 的变异，$R^2 = 0.088, P < 0.01$。

在回归方程 2 中，当中介变量（传播网络）进入第一个回归模块，中介变量即时通信网络（$\beta = -0.053, t = -2.549, P < 0.01$）、社交媒介网络（$\beta = 0.041, t = 2.468, P < 0.01$）、面识网络（$\beta = -0.086, t = -5.056, P < 0.001$）与因变量显著相关。在控制了人口变量所引起的 0.5% 的变异后，传播网络解释了孤独感的 6.8% 的变异，$R^2 = 0.073, P < 0.05$。

而当自变量社会网络强关系（$\beta = -0.046, t = -4.060, P < 0.001$）进入回归方程后，仅解释了 1.6% 的变异。综上，中介变量解释了因变量所发生的 8.8% 总变异中的 6.8% 的变异。

经由 Sobel 检验，在传播网络中，即时通信网络的 Sobel Z 值为 -3.026，有明显的中介作用。

经由 Sobel 检验，在传播网络中，社交媒介网络的 Sobel Z 值为 -0.555，不存在中介作用。

经由 Sobel 检验，在传播网络中，面识网络的 Sobel Z 值为 -4.930，有明显的中介作用。

因此，中介效应分析支持社会网络强关系与 UCLA 孤独之间存在间接关系，社会网络强关系对 UCLA 孤独的影响受到传播网络的中介这一假设。

表 6-1 社会网络强关系与 UCLA 孤独、自我传播网络的中介效应检验 1

回归方程	阶层	进入变量	非标准化系数 β	SE	标准系数 β	t	R^2	调整后的 R^2
		自我社会网络强关系与中介化社会关系作为预测变量						
		控制变量：						
		人口变量					0.005	0.005
1	1	SQRTSNWKT 自我社会网络强关系	−0.070	0.010	−0.218	−6.827****	0.051	0.046
	2	SQRTSNWKT 自我社会网络强关系	−0.046	0.011	−0.145	−4.060****	0.088	0.038
		SQRTMBLSTTTL 移动媒介关系数	0.006	0.020	0.017	0.272		
		SQRTEMLSTTTL 互联网关系数	0.021	0.015	0.075	1.433		
		SQRTIMSTTTL 即时通信关系数	−0.046	0.021	−0.143	−2.227**		
		SQRTSNSSTTTL 社交软件关系数	0.042	0.016	0.153	2.526***		
		SQRTFTFSTTTL 面对面关系数	−0.074	0.017	−0.228	−4.361****		
2	1	SQRTMBLSTTTL 移动媒介关系数	−0.001	0.021	−0.002	−0.026	0.073	0.068
		SQRTEMLSTTTL 互联网关系数	0.022	0.015	0.078	1.484		
		SQRTIMSTTTL 即时通信关系数	−0.053	0.021	−0.164	−2.549***		
		SQRTSNSSTTTL 社交软件关系数	0.041	0.017	0.151	2.468***		
		SQRTFTFSTTTL 面对面关系数	−0.086	0.017	−0.263	−5.056****		
	2	SQRTMBLSTTTL 移动媒介关系数	0.006	0.020	0.017	0.272	0.088	0.016
		SQRTEMLSTTTL 互联网关系数	0.021	0.015	0.075	1.433		
		SQRTIMSTTTL 即时通信关系数	−0.046	0.021	−0.143	−2.227**		
		SQRTSNSSTTTL 社交软件关系数	0.042	0.016	0.153	2.526***		
		SQRTFTFSTTTL 面对面关系数	−0.074	0.017	−0.228	−4.361****		
		SQRTSNWKT 自我社会网络强关系	−0.046	0.011	−0.145	−4.060****		

备注：* $P < 0.1$，** $P < 0.05$，*** $P < 0.01$，**** $P < 0.001$。

如表 6-2 所示,在回归方程 1 中,在控制了人口变量所引起的 0.2% 的变异后,自变量自我社会网络弱关系($\beta = -0.040, t = -4.563, P < 0.001$)解释了因变量 2.1% 的变异,$R^2 = 0.022, P < 0.05$。

而当中介变量即时通信网络($\beta = -0.048, t = -2.321, P < 0.05$)、社交媒介网络($\beta = 0.039, t = 2.338, P < 0.05$)、面识网络($\beta = -0.081, t = -4.726, P < 0.001$),自变量自我社会网络弱关系仅解释了 2.1% 的变异,而中介变量(传播网络)则解释了因变量 5.3% 的变异,$R^2 = 0.071, P < 0.01$。

在回归方程 2 中,当中介变量(传播网络)进入第一个回归模块,中介变量即时通信网络($\beta = -0.051, t = -2.448, P < 0.01$)、社交媒介网络($\beta = 0.041, t = 2.462, P < 0.01$)、面识网络($\beta = -0.088, t = -5.197, P < 0.001$)与因变量显著相关。在控制了人口变量所引起的 0.2% 的变异后,传播网络解释了孤独感 6.9% 的变异,$R^2 = 0.074, P < 0.05$。

而当自变量自我社会网络弱关系($\beta = -0.020, t = -2.273, P < 0.05$)进入回归方程后,仅解释了 0.5% 的变异。综上,中介变量解释了因变量所发生的 7.9% 总变异中的 6.9% 的变异。

经由 Sobel 检验,在传播网络中,即时通信网络的 Sobel Z 值为 -4.111,有明显的中介作用。

经由 Sobel 检验,在传播网络中,社交媒介网络的 Sobel Z 值为 -1.977,有明显的中介作用。

经由 Sobel 检验,在传播网络中,面识网络的 Sobel Z 值为 -5.281,有明显的中介作用。

因此,中介效应分析支持社会网络弱关系与 UCLA 孤独之间存在间接关系,社会网络弱关系对 UCLA 孤独的影响受到传播网络的中介这一假设。

如表 6-3 所示,在回归方程 1 中,在控制了人口变量所引起的 0.2% 的变异后,自变量自我社会网络熟悉程度($\beta = -0.063, t = -3.120, P < 0.01$)解释了因变量 1.6% 的变异,$R^2 = 0.017, P < 0.05$。

而当中介变量即时通信网络($\beta = -0.050, t = -2.459, P < 0.01$)、社交媒介网络($\beta = 0.041, t = 2.508, P < 0.01$)、面识网络($\beta = -0.084, t = -5.014, P < 0.001$)进入回归方程后,自变量自我社会网络熟悉程度仅解释了 1.6% 的变异,而中介变量(传播网络)则解释了因变量 6.1% 的变异,$R^2 = 0.074, P < 0.01$。

表 6-2 社会网络弱关系与 UCLA 孤独、自我传播网络的中介效应检验 2

回归方程	阶层	进入变量	非标准化系数 β	SE	标准化系数 β	t	R^2	调整后的 R^2
		自我社会网络弱关系与中介化社会关系作为预测变量						
		控制变量:						
		人口变量						
1	1	SQRTSNWKT 自我社会网络弱关系	−0.040	0.009	−0.146	−4.563****	0.002	0.005
	2	SQRTSNWKT 自我社会网络弱关系	−0.020	0.009	−0.074	−2.273**	0.022	0.021
		SQRTMBLSTTTL 移动媒介关系数	−0.002	0.020	−0.005	−0.083		
		SQRTEMLSTTTL 互联网关系数	0.023	0.015	0.083	1.587		
		SQRTIMSTTTL 即时通信关系数	−0.048	0.021	−0.149	−2.321**		
		SQRTSNSSTTTL 社交软件关系数	0.039	0.017	0.142	2.338**		
		SQRTFTFSTTTL 面对面关系数	−0.081	0.017	−0.248	−4.726****	0.071	0.053
2	1	SQRTMBLSTTTL 移动媒介关系数	−0.001	0.020	−0.004	−0.07	0.074	0.069
		SQRTEMLSTTTL 互联网关系数	0.024	0.015	0.085	1.621*		
		SQRTIMSTTTL 即时通信关系数	−0.051	0.021	−0.159	−2.488***		
		SQRTSNSSTTTL 社交软件关系数	0.041	0.017	0.15	2.462***		
		SQRTFTFSTTTL 面对面关系数	−0.088	0.017	−0.269	−5.197****		
	2	SQRTMBLSTTTL 移动媒介关系数	−0.002	0.02	−0.005	−0.083	0.079	0.005
		SQRTEMLSTTTL 互联网关系数	0.023	0.015	0.083	1.587		
		SQRTIMSTTTL 即时通信关系数	−0.048	0.021	−0.149	−2.321**		
		SQRTSNSSTTTL 社交软件关系数	0.039	0.017	0.142	2.338**		
		SQRTFTFSTTTL 面对面关系数	−0.081	0.017	−0.248	−4.726****		
		SQRTSNWKT 自我社会网络弱关系	−0.020	0.009	−0.074	−2.273**		

备注：* $P<0.1$，** $P<0.05$，*** $P<0.01$，**** $P<0.001$。

表 6-3 社会网络熟悉程度与 UCLA 孤独、自我传播网络的中介效应检验 3

回归方程	阶层	进入变量	非标准化系数 β	SE	标准系数 β	t	R²	调整后的 R²
		自我社会网络熟悉程度与中介化社会关系作为预测变量						
		控制变量:						
		人口变量						
1	1	FMILR 自我社会网络熟悉程度	-0.083	0.021	-0.128	-4.032****	0.002	0.005
	2	FMILR 自我社会网络熟悉程度	-0.063	0.020	-0.097	-3.120***	0.017	0.016
		SQRTMBLSTTTL 移动媒介关系	0.000	0.020	0.000	-0.007	0.074	0.061
		SQRTEMLSTTTL 互联网关系	0.023	0.015	0.081	1.557*		
		SQRTIMSTTTL 即时通信关系	-0.050	0.020	-0.157	-2.459***		
		SQRTSNSSTTTL 社交软件关系	0.041	0.016	0.152	2.508***		
		SQRTFTFSTTTL 面对面关系	-0.084	0.017	-0.259	-5.014****		
2	1	SQRTMBLSTTTL 移动媒介关系	-0.001	0.02	-0.004	-0.061	0.074	
		SQRTEMLSTTTL 互联网关系	0.023	0.015	0.083	1.582*		
		SQRTIMSTTTL 即时通信关系	-0.052	0.021	-0.160	-2.506***		
		SQRTSNSSTTTL 社交软件关系	0.040	0.017	0.147	2.420***		
		SQRTFTFSTTTL 面对面关系	-0.087	0.017	-0.266	-5.139****		
	2	SQRTMBLSTTTL 移动媒介关系	0.000	0.015	0.000	-0.007	0.083	0.009
		SQRTEMLSTTTL 互联网关系	0.023	0.015	0.081	1.557*		
		SQRTIMSTTTL 即时通信关系	-0.05	0.02	-0.157	-2.459***		
		SQRTSNSSTTTL 社交软件关系	0.041	0.016	0.152	2.508***		
		SQRTFTFSTTTL 面对面关系	-0.084	0.017	-0.259	-5.014****		
		FMILR 自我社会网络熟悉程度	-0.063	0.020	-0.097	-3.120***		

备注：* $P<0.1$，** $P<0.05$，*** $P<0.01$，**** $P<0.001$。

在回归方程 2 中，当中介变量（传播网络）进入第一个回归模块后，中介变量即时通信网络（$\beta=-0.052,t=-2.506,P<0.01$）、社交媒介网络（$\beta=0.040,t=2.420,P<0.01$）、面识网络（$\beta=-0.087,t=-5.139,P<0.001$）与因变量显著相关。在控制了人口变量所引起的 0.2％的变异后，传播网络解释了孤独感的 6.9％的变异，$R^2=0.074,P<0.01$。

而当自变量自我社会网络熟悉程度（$\beta=-0.063,t=-3.120,P<0.01$）进入回归方程后，仅解释了 0.9％的变异。综上，中介变量解释了因变量所发生的 8.3％总变异中的 6.9％的变异。

经由 Sobel 检验，在传播网络中，即时通信网络的 Sobel Z 值为 -3.505，有明显的中介作用。

经由 Sobel 检验，在传播网络中，社交媒介网络的 Sobel Z 值为 -2.150，有明显的中介作用。

经由 Sobel 检验，在传播网络中，面识网络的 Sobel Z 值为 -4.027，有明显的中介作用。

因此，中介效应分析支持社会网络熟悉程度与 UCLA 孤独之间存在间接关系，社会网络熟悉程度对 UCLA 孤独的影响受到传播网络的中介这一假设。

综上，RQ3a 自我传播网络的使用对社会网络与 UCLA 孤独之间的关系是否存在显著间接效应得到了回答。

如表 6-4 所示，在回归方程 1 中，在控制了人口变量所引起的 1.8％的变异后，自变量自我社会网络强关系（$\beta=-0.073,t=-5.483,P<0.01$）解释了因变量 2.9％的变异，$R^2=0.047,P<0.01$。

而当中介变量社交媒介网络（$\beta=0.050,t=2.315,P<0.05$）、面识网络（$\beta=-0.053,t=-2.381,P<0.05$）进入回归方程后，自变量自我社会网络强关系仅解释了 2.9％的变异，而中介变量（传播网络）则解释了因变量 2.6％的变异，$R^2=0.073,P<0.01$。

在回归方程 2 中，当中介变量（传播网络）进入第一个回归模块后，中介变量社交媒介网络（$\beta=0.049,t=2.276,P<0.05$）、面识网络（$\beta=-0.065,t=-2.908,P<0.001$）与因变量显著相关。在控制了人口变量所引起的 1.8％的变异后，传播网络解释了孤独感 4.6％的变异，$R^2=0.056,P<0.05$。

而当自变量自我社会网络强关系（$\beta=-0.046,t=-3.041,P<0.001$）进入回归方程后，仅解释了 0.9％的变异。综上，中介变量解释了因变量所发生的 6.4％总变异中的 4.6％的变异。

表 6-4　社会网络强关系与社会孤独、自我传播网络的中介效应检验 1

自我社会网络关系与中介化社会关系作为预测变量

控制变量：

回归方程	阶层	进入变量	非标准化系数 β	SE	标准化系数 β	t	R²	调整后的 R²
1	1	人口变量					0.018	0.018
	2	SQRTSNWKT 自我社会网络强关系	-0.073	0.013	-0.176	-5.483***	0.047	0.029
		SQRTSNWKT 自我社会网络强关系	-0.046	0.015	-0.110	-3.041***	0.073	0.026
		SQRTMBLSTTTL 移动媒介关系数	-0.048	0.027	-0.113	-1.786**		
		SQRTEMLSTTTL 互联网关系数	0.022	0.019	0.062	1.173		
		SQRTIMSTTTL 即时通信关系数	-0.033	0.027	-0.080	-1.239		
		SQRTSNSSTTTL 社交软件关系数	0.050	0.022	0.141	2.315**		
		SQRTFTFSTTTL 面对面关系数	-0.053	0.022	-0.125	-2.381**		
2	1	SQRTMBLSTTTL 移动媒介关系数	-0.054	0.027	-0.127	-2.006**	0.056	0.046
		SQRTEMLSTTTL 互联网关系数	0.023	0.019	0.064	1.215		
		SQRTIMSTTTL 即时通信关系数	-0.040	0.027	-0.096	-1.488		
		SQRTSNSSTTTL 社交软件关系数	0.049	0.022	0.140	2.276**		
		SQRTFTFSTTTL 面对面关系数	-0.065	0.022	-0.152	-2.908****		
	2	SQRTMBLSTTTL 移动媒介关系数	-0.048	0.027	-0.113	-1.786**	0.064	0.009
		SQRTEMLSTTTL 互联网关系数	0.022	0.019	0.062	1.173		
		SQRTIMSTTTL 即时通信关系数	-0.033	0.027	-0.080	-1.239		
		SQRTSNSSTTTL 社交软件关系数	0.050	0.022	0.141	2.315**		
		SQRTFTFSTTTL 面对面关系数	-0.053	0.022	-0.125	-2.381***		
		SQRTSNWKT 自我社会网络强关系	-0.046	0.015	-0.110	-3.041****		

备注：* $P<0.1$，** $P<0.05$，*** $P<0.01$，**** $P<0.001$。

经由 Sobel 检验,在传播网络中,社交媒介网络的 Sobel Z 值为 -0.058,不存在中介作用。

经由 Sobel 检验,在传播网络中,面识网络的 Sobel Z 值为 -3.756,有明显的中介作用。

因此,中介效应分析支持社会网络强关系与社会孤独之间存在间接关系,社会网络强关系对于社会孤独的影响受到传播网络的中介这一假设。

如表 6-5 所示,在回归方程 1 中,在控制了人口变量所引起的 0.19% 的变异后,自变量自我社会网络弱关系($\beta=-0.037$,$t=-3.303$,$P<0.01$)解释了因变量 1.1% 的变异,$R^2=0.030$,$P<0.05$。

而当中介变量移动网络($\beta=-0.055$,$t=-2.055$,$P<0.05$)、社交媒介网络($\beta=0.048$,$t=2.190$,$P<0.05$)、面识网络($\beta=-0.062$,$t=-2.737$,$P<0.001$)进入回归方程后,自变量自我社会网络弱关系仅解释了 1.1% 的变异,而中介变量(传播网络)则解释了因变量 3.8% 的变异,$R^2=0.068$,$P<0.05$。

在回归方程 2 中,当中介变量(传播网络)进入第一个回归模块后,中介变量移动网络($\beta=-0.055$,$t=-2.045$,$P<0.05$)、社交媒介网络($\beta=0.049$,$t=2.272$,$P<0.05$)、面识网络($\beta=-0.067$,$t=-3.036$,$P<0.01$)与因变量显著相关。在控制了人口变量所引起的 1.9% 的变异后,传播网络解释了孤独感的 4.7% 的变异,$R^2=0.066$,$P<0.05$。

而当自变量自我社会网络弱关系($\beta=-0.017$,$t=-1.437$,$P>0.01$)进入回归方程后,仅解释了 0.2% 的变异。综上,中介变量解释了因变量所发生的 6.8% 总变异中的 4.7% 的变异。

经由 Sobel 检验,在传播网络中,移动网络的 Sobel Z 值为 -3.838,有明显的中介作用。

经由 Sobel 检验,在传播网络中,社交媒介网络的 Sobel Z 值为 -1.808,有明显的中介作用。

经由 Sobel 检验,在传播网络中,面识网络的 Sobel Z 值为 -4.537,有明显的中介作用。

因此,中介效应分析支持社会网络弱关系与社会孤独之间存在间接关系,社会网络弱关系对社会孤独的影响受到传播网络的中介这一假设。

表 6-5　社会网络弱关系与社会孤独、自我传播网络的中介效应检验 2

自我社会网络弱关系与中介化社会关系作为预测变量

控制变量：人口变量

回归方程	阶层	进入变量	非标准化系数 β	SE	标准化系数 β	t	R^2	调整后的 R^2
1	1	SQRTSNWKT 自我社会网络弱关系	−0.037	0.011	−0.105	−3.303***	0.019	0.019
	2	SQRTSNWKT 自我社会网络弱关系	−0.017	0.012	−0.047	−1.437	0.030	0.011
		SQRTMBLSTTTL 移动媒介关系系数	−0.055	0.027	−0.130	−2.055**	0.068	0.038
		SQRTEMLSTTTL 互联网关系系数	0.025	0.019	0.069	1.310		
		SQRTIMSTTTL 即时通信关系系数	−0.036	0.027	−0.085	−1.312		
		SQRTSNSSTTTL 社交软件关系系数	0.048	0.022	0.134	2.190**		
		SQRTFSTTTL 面对面关系系数	−0.062	0.023	−0.145	−2.737***		
2	1	SQRTMBLSTTTL 移动媒介关系系数	−0.055	0.027	−0.129	−2.045**	0.066	0.047
		SQRTEMLSTTTL 互联网关系系数	0.026	0.019	0.070	1.333		
		SQRTIMSTTTL 即时通信关系系数	−0.038	0.027	−0.091	−1.419		
		SQRTSNSSTTTL 社交软件关系系数	0.049	0.022	0.139	2.272**		
		SQRTFSTTTL 面对面关系系数	−0.067	0.022	−0.158	−3.036***		
	2	SQRTMBLSTTTL 移动媒介关系系数	−0.055	0.027	−0.130	−2.055**	0.068	0.002
		SQRTEMLSTTTL 互联网关系系数	0.025	0.019	0.069	1.310		
		SQRTIMSTTTL 即时通信关系系数	−0.036	0.027	−0.085	−1.312		
		SQRTSNSSTTTL 社交软件关系系数	0.048	0.022	0.134	2.190**		
		SQRTFSTTTL 面对面关系系数	−0.062	0.023	−0.145	−2.737***		
		SQRTSNWKT 自我社会网络弱关系	−0.017	0.012	−0.047	−1.437		

备注：* $P<0.1$，** $P<0.05$，*** $P<0.01$，**** $P<0.001$。

如表 6-6 所示,在回归方程 1 中,在控制了人口变量所引起的 1.9％的变异后,自变量自我社会网络熟悉程度($\beta=-0,043,t=-1.580,P<0.1$)解释了因变量 0.3％的变异,$R^2=0.021,P<0.10$。

而当中介变量移动网络($\beta=-0.053,t=-1.960,P<0.05$)、社交媒介网络($\beta=0.049,t=2.246,P<0.01$)、面识网络($\beta=-0.064,t=-2.881,P<0.001$)进入回归方程后,自变量自我社会网络熟悉程度效应不显著,而中介变量(传播网络)则解释了因变量 4.4％的变异,$R^2=0.065,P<0.05$。

在回归方程 2 中,当中介变量(传播网络)进入第一个回归模块,中介变量移动网络($\beta=-0.053,t=-1.973,P<0.05$)、社交媒介网络($\beta=0.048,t=2.229,P<0.01$)、面识网络($\beta=-0.065,t=-2.918,P<0.001$)与因变量显著相关。在控制了人口变量所引起的 2.6％的变异后,传播网络解释了孤独感 4.6％的变异,$R^2=0.057,P<0.05$。

而当自变量自我社会网络熟悉程度进入回归方程后,影响不显著。综上,中介变量解释了因变量所发生的 5.7％总变异中的 4.6％的变异。

经由 Sobel 检验,在传播网络中,移动网络的 Sobel Z 值为 -0.996,不存在中介作用。

经由 Sobel 检验,在传播网络中,社交媒介网络的 Sobel Z 值为 -0.914,不存在中介作用。

经由 Sobel 检验,在传播网络中,面识网络的 Sobel Z 值为 -3.325,有明显的中介作用。

因此,中介效应分析支持社会网络熟悉度与社会孤独之间存在间接关系,社会网络熟悉度对社会孤独的影响受到传播网络的中介这一假设。

综上,对 RQ3b 自我传播网络的使用对社会网络与社会孤独之间的关系是否存在显著间接效应进行了回答。

如表 6-7 所示,在回归方程 1 中,在控制了人口变量所引起的 2.6％的变异后,自变量自我社会网络强关系($\beta=-0.089,t=-6.692,P<0.001$)解释了因变量 4.3％的变异,$R^2=0.069,P<0.05$。

而当中介变量互联网络($\beta=0.048,t=2.504,P<0.01$)、社交媒介网络($\beta=0.053,t=2.457,P<0.01$)、面识网络($\beta=-0.074,t=-3.313,P<0.001$)进入回归方程后,自变量自我社会网络强关系仅解释了 4.3％的变异,而中介变量(传播网络)则解释了因变量 3.1％的变异,$R^2=0.100,P<0.05$。

表 6-6　社会网络熟悉程度与社会孤独、自我传播网络的中介效应检验 3

回归方程	阶层	进入变量	非标准化系数 β	SE	标准化系数 β	t	R^2	调整后的 R^2
		控制变量：						
		自我社会网络熟悉程度与中介化社会关系作为预测变量						
		人口变量					0.019	0.019
1	1	FMILR 自我社会网络熟悉程度	−0.043	0.027	−0.050	−1.580*	0.021	0.003
	2	FMILR 自我社会网络熟悉程度	−0.019	0.027	−0.023	−0.723	0.065	0.044
		SQRTMBLSTTTL 移动媒介关系	−0.053	0.027	−0.124	−1.960**		
		SQRTEMLSTTTL 互联网关系	0.024	0.019	0.065	1.236		
		SQRTIMSTTTL 即时通信关系	−0.040	0.027	−0.095	−1.477		
		SQRTSNSSTTTL 社交软件关系	0.049	0.022	0.137	2.246***		
		SQRTFTFSTTTL 面对面关系	−0.064	0.022	−0.150	−2.881****		
2	1	SQRTMBLSTTTL 移动媒介关系	−0.053	0.027	−0.125	−1.973**	0.057	0.046
		SQRTEMLSTTTL 互联网关系	0.024	0.019	0.066	1.244		
		SQRTIMSTTTL 即时通信关系	−0.040	0.027	−0.096	−1.491		
		SQRTSNSSTTTL 社交软件关系	0.048	0.022	0.136	2.229***		
		SQRTFTFSTTTL 面对面关系	−0.065	0.022	−0.152	−2.918****		
	2	SQRTMBLSTTTL 移动媒介关系	−0.053	0.027	−0.124	−1.960**	0.057	0.001
		SQRTEMLSTTTL 互联网关系	0.024	0.019	0.065	1.236		
		SQRTIMSTTTL 即时通信关系	−0.040	0.027	−0.095	−1.477		
		SQRTSNSSTTTL 社交软件关系	0.049	0.022	0.137	2.246***		
		SQRTFTFSTTTL 面对面关系	−0.064	0.022	−0.150	−2.881****		
		FMILR 自我社会网络熟悉程度	−0.019	0.027	−0.023	−0.723		

备注：* $P<0.1$，** $P<0.05$，*** $P<0.01$，**** $P<0.001$。

表6-7　社会网络强关系与情感孤独、自我传播网络的中介效应检验1

回归方程	阶层	进入变量	非标准化系数 β	SE	标准系数 β	t	R²	调整后的 R²
控制变量:								
		人口变量					0.026	0.026
1	1	SQRTSNWKT 自我社会网络强关系	−0.089	0.013	−0.212	−6.692****	0.069	0.043
	2	SQRTSNWKT 自我社会网络强关系	−0.068	0.015	−0.161	−4.518****	0.100	0.031
		SQRTMBLSTTTL 移动媒介关系数	−0.039	0.027	−0.090	−1.446		
		SQRTEMLSTTTL 互联网关系数	0.048	0.019	0.130	2.504***		
		SQRTIMSTTTL 即时通信关系数	−0.035	0.027	−0.083	−1.304		
		SQRTSNSSTTTL 社交软件关系数	0.053	0.022	0.148	2.457***		
		SQRTFTFSTTTL 面对面关系数	−0.074	0.022	−0.172	−3.313****		
2	1	SQRTMBLSTTTL 移动媒介关系数	−0.048	0.027	−0.111	−1.765	0.081	0.055
		SQRTEMLSTTTL 互联网关系数	0.049	0.019	0.134	2.549***		
		SQRTIMSTTTL 即时通信关系数	−0.045	0.027	−0.107	−1.665		
		SQRTSNSSTTTL 社交软件关系数	0.052	0.022	0.145	2.390***		
		SQRTFTFSTTTL 面对面关系数	−0.090	0.022	−0.210	−4.069****		
	2	SQRTMBLSTTTL 移动媒介关系数	−0.039	0.027	−0.090	−1.446	0.100	0.019
		SQRTEMLSTTTL 互联网关系数	0.048	0.019	0.130	2.504***		
		SQRTIMSTTTL 即时通信关系数	−0.035	0.027	−0.083	−1.304		
		SQRTSNSSTTTL 社交软件关系数	0.053	0.022	0.148	2.457***		
		SQRTFTFSTTTL 面对面关系数	−0.074	0.022	−0.172	−3.313****		
		SQRTSNWKT 自我社会网络强关系	−0.068	0.015	−0.161	−4.518****		

自我社会网络强关系与中介化社会关系作为预测变量

备注: * $P<0.1$, ** $P<0.05$, *** $P<0.01$, **** $P<0.001$。

在回归方程 2 中，当中介变量（传播网络）进入第一个回归模块后，中介变量互联网络（$\beta=0.049, t=2.549, P<0.01$）、社交媒介网络（$\beta=0.052, t=2.390, P<0.01$）、面识网络（$\beta=-0.090, t=-4.069, P<0.001$）与因变量显著相关。在控制了人口变量所引起的 2.6% 的变异后，传播网络解释了孤独感 5.5% 的变异，$R^2=0.081, P<0.05$。

而当自变量自我社会网络强关系（$\beta=-0.068, t=-4.518, P<0.001$）进入回归方程后，仅解释了 1.9% 的变异。综上，中介变量解释了因变量所发生的 10% 总变异中的 5.5% 的变异。

经由 Sobel 检验，在传播网络中，移动网络的 Sobel Z 值为 -0.996，不存在中介作用。

经由 Sobel 检验，在传播网络中，社交媒介网络的 Sobel Z 值为 -0.914，不存在中介作用。

经由 Sobel 检验，在传播网络中，面识网络的 Sobel Z 值为 -3.325，有明显的中介作用。

因此，中介效应分析支持社会网络强关系与情感孤独之间存在间接关系，社会网络强关系对情感孤独的影响受到传播网络的中介这一假设。

如表 6-8 所示，在回归方程 1 中，在控制了人口变量所引起的 2.7% 的变异后，自变量自我社会网络弱关系（$\beta=-0.061, t=-5.386, P<0.001$）解释了因变量 2.8% 的变异，$R^2=0.055, P<0.05$。

而当中介变量互联网络（$\beta=0.049, t=2.584, P<0.05$）、社交媒介网络（$\beta=0.049, t=2.240, P<0.05$）、面识网络（$\beta=-0.078, t=-3.462, P<0.01$）进入回归方程后，自变量自我社会网络熟悉程度仅解释了 2.8% 的变异，而中介变量（传播网络）则解释了因变量 4% 的变异，$R^2=0.095, P<0.05$。

在回归方程 2 中，当中介变量（传播网络）进入第一个回归模块后，中介变量互联网络（$\beta=0.051, t=2.627, P<0.01$）、社交媒介网络（$\beta=0.053, t=2.425, P<0.01$）、面识网络（$\beta=-0.092, t=-4.126, P<0.001$）与因变量显著相关。在控制了人口变量所引起的 2.7% 的变异后，传播网络解释了孤独感的 5.7% 的变异，$R^2=0.083, P<0.05$。

而当自变量自我社会网络弱关系（$\beta=-0.041, t=-3.538, P<0.001$）进入回归方程后，仅解释了 1.2% 的变异。综上，中介变量解释了因变量所发生的 9.5% 总变异中的 5.7% 的变异。

表6-8 社会网络弱关系与情感孤独、自我传播网络的中介效应检验2

回归方程	阶层	进入变量	非标准化系数 β	SE	标准系数 β	t	R^2	调整后的 R^2
自我社会网络弱关系与中介化社会关系作为预测变量								
控制变量：								
		人口变量					0.027	0.027
1	1	SQRTSNWKT 自我社会网络弱关系	−0.061	0.011	−0.169	−5.386****	0.055	0.028
	2	SQRTSNWKT 自我社会网络弱关系	−0.041	0.012	−0.115	−3.538****	0.095	0.040
		SQRTMBLSTTTL 移动媒介关系数	−0.049	0.027	−0.113	−1.816		
		SQRTEMLSTTTL 互联网关系数	0.049	0.019	0.134	2.584**		
		SQRTIMSTTTL 即时通信关系数	−0.039	0.027	−0.092	−1.448		
		SQRTSNSSTTTL 社交软件关系数	0.049	0.022	0.135	2.240**		
		SQRTFFSTTTL 面对面关系数	−0.078	0.022	−0.180	−3.462***		
2	1	SQRTMBLSTTTL 移动媒介关系数	−0.048	0.027	−0.112	−1.785	0.083	0.057
		SQRTEMLSTTTL 互联网关系数	0.051	0.019	0.137	2.627***		
		SQRTIMSTTTL 即时通信关系数	−0.046	0.027	−0.108	−1.701		
		SQRTSNSSTTTL 社交软件关系数	0.053	0.022	0.147	2.425***		
		SQRTFFSTTTL 面对面关系数	−0.092	0.022	−0.213	−4.126****		
	2	SQRTMBLSTTTL 移动媒介关系数	−0.049	0.027	−0.113	−1.816	0.095	0.012
		SQRTEMLSTTTL 互联网关系数	0.049	0.019	0.134	2.584***		
		SQRTIMSTTTL 即时通信关系数	−0.039	0.027	−0.092	−1.448		
		SQRTSNSSTTTL 社交软件关系数	0.049	0.022	0.135	2.240**		
		SQRTFFSTTTL 面对面关系数	−0.078	0.022	−0.180	−3.462***		
		SQRTSNWKT 自我社会网络弱关系	−0.041	0.012	−0.115	−3.538****		

备注：* $P<0.1$，** $P<0.05$，*** $P<0.01$，**** $P<0.001$。

经由 Sobel 检验,在传播网络中,移动网络的 Sobel Z 值为-0.415,不存在中介作用。

经由 Sobel 检验,在传播网络中,社交媒介网络的 Sobel Z 值为-0.423,不存在中介作用。

经由 Sobel 检验,在传播网络中,面识网络的 Sobel Z 值为-4.168,有明显的中介作用。

因此,中介效应分析支持社会网络弱关系与情感孤独之间存在间接关系,社会网络弱关系对情感孤独的影响受到传播网络的中介这一假设。

如表 6-9 所示,在回归方程 1 中,在控制了人口变量所引起的 2.7% 的变异后,自变量自我社会网络熟悉程度($\beta=-0.080$,$t=-2.963$,$P<0.001$)解释了因变量 0.9% 的变异,$R^2=0.035$,$P<0.05$。

而当中介变量互联网络($\beta=-0.050$,$t=2.602$,$P<0.01$)、社交媒介网络($\beta=0.054$,$t=2.480$,$P<0.05$)、面识网络($\beta=-0.089$,$t=-4.022$,$P<0.001$)进入回归方程后,自变量自我社会网络熟悉程度仅解释了 0.9% 的变异,而中介变量(传播网络)则解释了因变量 5.2% 的变异,$R^2=0.088$,$P<0.05$。

在回归方程 2 中,当中介变量(传播网络)进入第一个回归模块,中介变量互联网络($\beta=-0.050$,$t=2.620$,$P<0.01$)、社交媒介网络($\beta=0.053$,$t=2.421$,$P<0.01$)、面识网络($\beta=-0.091$,$t=-4.119$,$P<0.001$)与因变量显著相关。在控制了人口变量所引起的 2.7% 的变异后,传播网络解释了孤独感 5.7% 的变异,$R^2=0.083$,$P<0.05$。

而当自变量自我社会网络熟悉程度($\beta=-0.059$,$t=-2.192$,$P<0.001$)进入回归方程后,仅解释了 0.5% 的变异。综上,中介变量解释了因变量所发生的 8.8% 总变异中的 5.7% 的变异。

经由 Sobel 检验,在传播网络中,移动网络的 Sobel Z 值为-0.968,不存在中介作用。

经由 Sobel 检验,在传播网络中,社交媒介网络的 Sobel Z 值为-1.225,不存在中介作用。

经由 Sobel 检验,在传播网络中,面识网络的 Sobel Z 值为-3.619,有明显的中介作用。

因此,中介效应分析支持社会网络熟悉程度与情感孤独之间存在间接关系,社会网络熟悉程度对情感孤独的影响受到传播网络的中介这一假设。

表 6-9 社会网络熟悉程度与情感孤独、自我传播网络的中介效应检验 3

回归方程	阶层	进入变量	非标准化系数 β	SE	标准化系数 β	t	R²	调整后的 R²
自我社会网络熟悉程度与中介社会关系作为预测变量:								
控制变量:								
		人口变量					0.027	0.027
1	1	FMILR 自我社会网络熟悉程度	−0.080	0.027	−0.093	−2.963****	0.035	0.009
	2	FMILR 自我社会网络熟悉程度	−0.059	0.027	−0.068	−2.192***	0.088	0.052
		SQRTMBLSTTTL 移动网媒介关系	−0.047	0.027	−0.109	−1.746		
		SQRTEMLSTTTL 互联网关系	0.050	0.019	0.135	2.602***		
		SQRTIMSTTTL 即时通信关系	−0.045	0.027	−0.107	−1.677		
		SQRTSNSSTTTL 社交软件关系	0.054	0.022	0.150	2.480**		
		SQRTFTFSTTTL 面对面关系	−0.089	0.022	−0.207	−4.022****		
2	1	SQRTMBLSTTTL 移动媒介关系	−0.048	0.027	−0.111	−1.781	0.083	0.057
		SQRTEMLSTTTL 互联网关系	0.050	0.019	0.137	2.620***		
		SQRTIMSTTTL 即时通信关系	−0.046	0.027	−0.109	−1.714		
		SQRTSNSSTTTL 社交软件关系	0.053	0.022	0.147	2.421***		
		SQRTFTFSTTTL 面对面关系	−0.091	0.022	−0.212	−4.119****		
	2	SQRTMBLSTTTL 移动媒介关系	−0.047	0.027	−0.109	−1.746	0.088	0.005
		SQRTEMLSTTTL 互联网关系	0.050	0.019	0.135	2.602***		
		SQRTIMSTTTL 即时通信关系	−0.045	0.027	−0.107	−1.677		
		SQRTSNSSTTTL 社交软件关系	0.054	0.022	0.150	2.480****		
		SQRTFTFSTTTL 面对面关系	−0.089	0.022	−0.207	−4.022****		
		FMILR 自我社会网络熟悉程度	−0.059	0.027	−0.068	−2.192****		

备注:* $P<0.1$,** $P<0.05$,*** $P<0.01$,**** $P<0.001$。

综上,对 RQ3c 自我传播网络的使用对社会网络与情感孤独之间的关系是否存在显著间接效应进行了回答。

通过回归分析,假设 3 实证了社会网络与孤独感之间的联系。

如表 6-10 所示,在回归方程 1 中,在控制了人口变量所引起的 2.3% 的变异后,自变量自我社会网络中的家人强关系($\beta=-0.142,t=-4.757,P<0.001$)解释了因变量 2.2% 的变异,$R^2=0.044,P<0.05$。

而当中介变量面识网络($\beta=0.057,t=1.609,P<0.001$)、互联网络($\beta=-0.081,t=-2.164,P<0.05$)、即时通信网络($\beta=0.089,t=2.583,P<0.05$)、社交媒介网络($\beta=-0.119,t=-3.415,P<0.01$)随后放入回归方程后,自变量自我社会网络中的家人强关系仅解释了 2.2% 的变异,而中介变量(传播网络)则解释了因变量 2.4% 的变异,$R^2=0.063,P<0.01$。

在回归方程 2 中,当中介变量(传播网络)进入第一个回归模块,互联网络($\beta=-0.104,t=-2.794,P<0.05$)、即时通信网络($\beta=0.085,t=-2.443,P<0.01$)、社交媒介网络($\beta=-0.134,t=-3.862,P<0.001$)、面识网络($\beta=0.062,t=1.734,P<0.1$)与因变量显著相关。在控制了人口变量所引起的 2.3% 的变异后,传播网络解释了孤独感 3.4% 的变异,$R^2=0.060,P<0.05$。

而当自变量自我社会网络中的家人强关系($\beta=-0.110,t=-3.427,P<0.001$)进入回归方程后,仅解释了 1.1% 的变异。综上,中介变量解释了因变量所发生的 7.1% 总变异中的 3.4% 的变异。

经由 Sobel 检验,在传播网络中,面识网络媒介的 Sobel Z 值为 -1.135,无明显的中介作用。

经由 Sobel 检验,在传播网络中,互联网络媒介的 Sobel Z 值为 1.344,无明显的中介作用。

经由 Sobel 检验,在传播网络中,即时通信网络媒介的 Sobel Z 值为 -2.551,有明显的中介作用。

经由 Sobel 检验,在传播网络中,社交媒介网络媒介的 Sobel Z 值为 0.037,无明显的中介作用。

因此,中介效应分析支持社会网络强关系与父母孤独之间存在间接关系,社会网络强关系对父母孤独的影响受到传播网络的中介这一假设。

如表 6-11 所示,在回归方程 1 中,在控制了人口变量所引起的 2.6% 的变异后,自变量家人关系中的弱关系($\beta=-0.071,t=-2.666,P<0.01$)解释了因变量 0.7% 的变异,$R^2=0.033,P<0.05$。

表 6-10　社会网络强关系与父母孤独、自我传播网络的中介效应检验 1

自我社会网络强关系与中介化社会关系作为预测变量

控制变量：

人口变量

回归方程	阶层	进入变量	非标准化系数 β	SE	标准系数 β	t	R^2	调整后的 R^2
1	1	SQRTSNWKT 自我社会网络家人强关系	−0.142	0.030	−0.151	−4.757****	0.023	0.026
	2	SQRTSNWKT 自我社会网络家人强关系	−0.110	0.032	−0.117	−3.427***	0.044	0.022
		SQRTMBLSTTTL 移动媒介关系数	−0.020	0.029	−0.024	−0.681		
		SQRTEMLSTTTL 互联网关系数	−0.081	0.038	−0.092	−2.164**		
		SQRTIMSTTTL 即时通信关系数	0.089	0.034	0.118	2.583**		
		SQRTSNSSTTTL 社交软件关系数	−0.119	0.035	−0.148	−3.415***		
		SQRTFTFSTTTL 面对面关系数	0.057	0.036	0.076	1.609*	0.063	0.024
2	1	SQRTMBLSTTTL 移动媒介关系数	−0.027	0.029	−0.032	−0.914		
		SQRTEMLSTTTL 互联网关系数	−0.104	0.037	−0.118	−2.794**		
		SQRTIMSTTTL 即时通信关系数	0.085	0.035	0.112	2.443**		
		SQRTSNSSTTTL 社交软件关系数	−0.134	0.035	−0.167	−3.862****		
		SQRTFTFSTTTL 面对面关系数	0.062	0.036	0.083	1.734*	0.060	0.034
	2	SQRTMBLSTTTL 移动媒介关系数	−0.020	0.029	−0.024	−0.681		
		SQRTEMLSTTTL 互联网关系数	−0.081	0.038	−0.092	−2.164**		
		SQRTIMSTTTL 即时通信关系数	0.089	0.034	0.118	2.583**		
		SQRTSNSSTTTL 社交软件关系数	−0.119	0.035	−0.148	−3.415***		
		SQRTFTFSTTTL 面对面关系数	0.057	0.036	0.076	1.609*		
		SQRTSNWKT 自我社会网络家人强关系	−0.110	0.032	−0.117	−3.427****	0.071	0.011

备注：* $P<0.1$，** $P<0.05$，*** $P<0.01$，**** $P<0.001$。

表6-11　社会网络弱关系与父母孤独、自我传播网络的中介效应检验2

自我社会网络弱关系与中介化社会关系作为预测变量

控制变量：

回归方程	阶层	进入变量	非标准化系数β	SE	标准系数β	t	R²	调整后的R²
		人口变量						
1	1	SQRTSNWKT 自我社会网络家人弱关系	-0.071	0.027	-0.084	-2.666***	0.026	0.026
	2	SQRTSNWKT 自我社会网络家人弱关系	-0.045	0.028	-0.053	-1.611	0.033	0.007
		SQRTMBLSTTTL 移动网媒介关系数	-0.016	0.030	-0.019	-0.537	0.063	0.030
		SQRTEMLSTTTL 互联网关系数	-0.100	0.037	-0.113	-2.666***		
		SQRTIMSTTTL 即时通信关系数	0.089	0.035	0.117	2.549**		
		SQRTSNSSTTTL 社交软件关系数	-0.133	0.035	-0.165	-3.796****		
		SQRTFSTTTL 面对面关系数	0.057	0.036	0.076	1.586		
2	1	SQRTMBLSTTTL 移动媒介关系数	-0.028	0.030	-0.034	-0.958	0.061	0.035
		SQRTEMLSTTTL 互联网关系数	-0.104	0.037	-0.117	-2.773***		
		SQRTIMSTTTL 即时通信关系数	0.088	0.035	0.115	2.521**		
		SQRTSNSSTTTL 社交软件关系数	-0.137	0.035	-0.169	-3.914****		
		SQRTFSTTTL 面对面关系数	0.062	0.036	0.082	1.718*		
	2	SQRTMBLSTTTL 移动媒介关系数	-0.016	0.030	-0.019	-0.537	0.063	0.002
		SQRTEMLSTTTL 互联网关系数	-0.100	0.037	-0.113	-2.666***		
		SQRTIMSTTTL 即时通信关系数	0.089	0.035	0.117	2.549**		
		SQRTSNSSTTTL 社交软件关系数	-0.133	0.035	-0.165	-3.796****		
		SQRTFSTTTL 面对面关系数	0.057	0.036	0.076	1.586		
		SQRTSNWKT 自我社会网络家人弱关系	-0.045	0.028	-0.053	-1.611		

备注：* $P<0.1$，** $P<0.05$，*** $P<0.01$，**** $P<0.001$。

而当中介变量互联网络($\beta=-0.100,t=-2.666,P<0.01$)、即时通信网络($\beta=0.089,t=2.549,P<0.05$)、社交媒介网络($\beta=-0.133,t=-3.796,P<0.001$)进入回归方程后,自变量家人关系中的弱关系仅解释了0.7%的变异,而中介变量(传播网络)则解释了因变量3%的变异,$R^2=0.063,P<0.01$。

在回归方程2中,当中介变量(传播网络)进入第一个回归模块后,中介变量互联网络($\beta=-0.104,t=-2.773,P<0.01$)、即时通信网络($\beta=0.088,t=2.521,P<0.05$)、社交媒介网络($\beta=-0.137,t=-3.914,P<0.001$)与因变量显著相关。在控制了人口变量所引起的2.6%的变异后,传播网络解释了孤独感3.5%的变异,$R^2=0.061,P<0.01$。

而当自变量家人关系中的弱关系($\beta=-0.045,t=-1.611,P>0.1$)进入回归方程后,仅解释了0.2%的变异。综上,中介变量解释了因变量所发生的6.3%总变异中的3.5%的变异。

经由 Sobel 检验,在传播网络中,移动网络的 Sobel Z 值为-2.945,有明显的中介作用。

经由 Sobel 检验,在传播网络中,互联网络的 Sobel Z 值为0.374,不存在中介作用。

经由 Sobel 检验,在传播网络中,即时通信网络的 Sobel Z 值为-3.163,有明显的中介作用。

因此,中介效应分析支持社会网络弱关系与父母孤独之间存在间接关系,社会网络对孤独感的影响受到传播网络的中介这一假设。

综上,RQ3d 自我传播网络的使用对社会网络与父母孤独之间的关系是否存在显著间接效应得到了回答。

如表 6-12 所示,在回归方程1中,在控制了人口变量所引起的1.6%的变异后,自变量自我社会网络中的同辈强关系($\beta=-0.105,t=-6.891,P<0.001$)解释了因变量6.1%的变异,$R^2=0.061,P<0.001$。

而当中介变量移动网络($\beta=-0.105,t=-4.697,P<0.001$)、即时通信网络($\beta=0.040,t=1.795,P<0.1$)、社交媒介网络($\beta=-0.064,t=-2.136,P<0.05$)中的同辈强关系放入回归方程后,自变量自我社会网络中的同辈强关系仅解释了6.1%的变异,而中介变量(传播网络)则解释了因变量4.5%的变异,$R^2=0.106,P<0.05$。

在回归方程2中,当中介变量移动网络($\beta=-0.116,t=-5.227,P<0.001$)、即时通信网络($\beta=0.038,t=1.675,P<0.1$)、社交媒介网络($\beta=$

$-0.073, t=-2.420, P<0.01$)中的同辈强关系,进入第一个回归模块后,中介变量与因变量显著相关。在控制了人口变量所引起的 1.6%的变异后,传播网络解释了孤独感 8%的变异,$R^2=0.096, P<0.001$。

而当自变量自我社会网络中的同辈强关系($\beta=-0.057, t=-3.351, P<0.01$)进入回归方程后,仅解释了 1%的变异。综上,中介变量解释了因变量所发生的 10.6%总变异中 9.6%的变异。

经由 Sobel 检验,在传播网络中,面识网络媒介的 Sobel Z 值为 -6.123,有明显的中介作用。

经由 Sobel 检验,在传播网络中,互联网络媒介的 Sobel Z 值为 2.489,有明显的中介作用。

经由 Sobel 检验,在传播网络中,即时通信网络媒介的 Sobel Z 值为 -4.951,有明显的中介作用。

因此,中介效应分析支持社会网络强关系与同辈孤独之间存在间接关系,社会网络强关系对同辈孤独的影响受到传播网络的中介这一假设。

如表 6-13 所示,在回归方程 1 中,在控制了人口变量所引起的 1.3%的变异后,自变量自我社会网络中的同辈弱关系($\beta=-0.037, t=-3.250, P<0.01$)解释了因变量 1%的变异,$R^2=0.023, P<0.001$。

而当中介变量移动网络($\beta=-0.113, t=-5.038, P<0.001$)、即时通信网络($\beta=0.038, t=1.668, P<0.1$)、社交媒介网络($\beta=-0.071, t=-2.342, P<0.01$)中的同辈关系放入回归方程后,自变量自我社会网络中的同辈弱关系仅解释了 1%的变异,而中介变量(传播网络)则解释了因变量 7%的变异,$R^2=0.089, P<0.05$。

在回归方程 2 中,当中介变量移动网络($\beta=-0.116, t=-5.178, P<0.001$)、即时通信网络($\beta=0.037, t=1.634, P<0.1$)、社交媒介网络($\beta=-0.074, t=-2.439, P<0.01$)中的同辈关系进入第一个回归模块后,其与因变量显著相关。在控制了人口变量所引起的 1.3%的变异后,传播网络解释了孤独感 7.9%的变异,$R^2=0.096, P<0.05$。

而当自变量自我社会网络中的同辈弱关系($\beta=0.012, t=0.480, P>0.05$)进入回归方程后,并未解释因变量的变异。综上,中介变量解释了因变量所发生的 9.6%总变异中的 7.6%的变异。

经由 Sobel 检验,在传播网络中,面识网络媒介的 Sobel Z 值为 -6.178,有明显的中介作用。

表 6-12 社会网络强关系与同辈孤独、自我传播网络的中介效应检验 1

回归方程	阶层	进入变量	非标准化系数 β	SE	标准化系数 β	t	R^2	调整后的 R^2
		自我社会网络关系与中介化社会关系作为预测变量						
		控制变量:						
		人口变量					0.016	0.016
1	1	SQRTSNWKT 自我社会网络同辈强关系	-0.105	0.015	-0.216	-6.891***	0.061	0.045
	2	SQRTSNWKT 自我社会网络同辈强关系	-0.057	0.017	-0.117	-3.351***		
		SQRTMBLSTTTL 移动媒介关系系数	-0.105	0.022	-0.233	-4.697****		
		SQRTEMLSTTTL 互联网关系系数	0.027	0.029	0.055	0.926		
		SQRTIMSTTTL 即时通信关系系数	0.040	0.023	0.090	1.795*		
		SQRTSNSSTTTL 社交软件关系系数	-0.064	0.030	-0.128	-2.136**		
		SQRTFFSFTTL 面对面关系系数	0.004	0.024	0.009	0.154	0.106	0.045
2	1	SQRTMBLSTTTL 移动媒介关系系数	-0.116	0.022	-0.258	-5.227****		
		SQRTEMLSTTTL 互联网关系系数	0.023	0.029	0.046	0.779		
		SQRTIMSTTTL 即时通信关系系数	0.038	0.023	0.085	1.675*		
		SQRTSNSSTTTL 社交软件关系系数	-0.073	0.030	-0.146	-2.420***		
		SQRTFFSFTTL 面对面关系系数	0.001	0.024	0.002	0.040	0.096	0.080
	2	SQRTMBLSTTTL 移动媒介关系系数	-0.105	0.022	-0.233	-4.697****		
		SQRTEMLSTTTL 互联网关系系数	0.027	0.029	0.055	0.926		
		SQRTIMSTTTL 即时通信关系系数	0.040	0.023	0.090	1.795*		
		SQRTSNSSTTTL 社交软件关系系数	-0.064	0.030	-0.128	-2.136**		
		SQRTFFSFTTL 面对面关系系数	0.004	0.024	0.009	0.154		
		SQRTSNWKT 自我社会网络同辈强关系	-0.057	0.017	-0.117	-3.351***	0.106	0.010

备注:* $P<0.1$,** $P<0.05$,*** $P<0.01$,*** $P<0.001$。

表 6-13 社会网络弱关系与同辈孤独、自我传播网络的中介效应检验 2

回归方程	阶层	进入变量	非标准化系数 β	SE	标准化系数 β	t	R²	调整后的 R²
		控制变量:						
		人口变量					0.013	0.016
		自我社会网络弱关系与中介化社会关系作为预测变量:						
1	1	SQRTSNWKT 自我社会网络同辈关系	−0.037	0.011	−0.103	−3.250***	0.023	0.010
	2	SQRTSNWKT 自我社会网络同辈弱关系	−0.010	0.011	−0.027	−0.843	0.089	0.070
		SQRTMBLSTTTL 移动媒介关系数	−0.113	0.023	−0.252	−5.038****		
		SQRTEMLSTTTL 互联网关系数	0.022	0.029	0.045	0.765		
		SQRTIMSTTTL 即时通信关系数	0.038	0.023	0.084	1.668*		
		SQRTSNSSTTTL 社交软件关系数	−0.071	0.030	−0.141	−2.342***		
		SQRTFTFSTTTL 面对面关系数	0.000	0.024	0.000	0.003		
2	1	SQRTMBLSTTTL 移动媒介关系数	−0.116	0.022	−0.256	−5.178****	0.096	0.079
		SQRTEMLSTTTL 互联网关系数	0.024	0.029	0.048	0.814		
		SQRTIMSTTTL 即时通信关系数	0.037	0.023	0.083	1.634*		
		SQRTSNSSTTTL 社交软件关系数	−0.074	0.030	−0.147	−2.439***		
		SQRTFTFSTTTL 面对面关系数	0.001	0.024	0.002	0.036		
	2	SQRTMBLSTTTL 移动媒介关系数	−0.116	0.022	−0.258	−5.196****	0.096	0.000
		SQRTEMLSTTTL 互联网关系数	0.023	0.029	0.047	0.795		
		SQRTIMSTTTL 即时通信关系数	0.037	0.023	0.083	1.635*		
		SQRTSNSSTTTL 社交软件关系数	−0.075	0.030	−0.149	−2.461***		
		SQRTFTFSTTTL 面对面关系数	0.001	0.024	0.003	0.050		
		SQRTSNWKT 自我社会网络同辈弱关系	0.012	0.026	0.015	0.480		

备注：* $P < 0.1$，** $P < 0.05$，*** $P < 0.01$，**** $P < 0.001$。

经由 Sobel 检验,在传播网络中,互联网络媒介的 Sobel Z 值为 -3.591,有明显的中介作用。

经由 Sobel 检验,在传播网络中,即时通信网络媒介的 Sobel Z 值为 -5.201,有明显的中介作用。

因此,中介效应分析支持社会网络弱关系与同辈孤独之间存在间接关系,社会网络弱关系对同辈孤独的影响受到传播网络的中介这一假设。

综上,RQ3e 自我传播网络的使用对社会网络与同辈孤独之间的关系是否存在显著间接效应得到了回答。

第三节 结论与讨论

个体的社会网络规模、特征影响着个体传播网络的使用方式,通过传播网络的"结网"过程,我们从社会网络中获取社会支持、情感援助进而抑制孤独感,但是不同基质的传播网络在这个过程中所发挥的中介效应一样吗?这是中介分析部分所要探讨的问题。

社会网络与自我传播网络对孤独感的影响存在着"共振效应"。曼纽尔·卡斯特尔所称的"流动的空间"指的是,现代人可以在任何时候,依靠不同的传播渠道发起多个社交活动。即使双方在空间上不能真正地在一起,但是也可以获得斯科特·坎贝尔以及永金·朴所说的"联网之在"。卡斯特尔勾勒了一个未来世界的传播学想象图景,即真正重要的或许不是存在我们社会网络中的那些好友或家人身处何处,而是我们是否通过传播网络将彼此联系在一起。那么,社会网络与孤独感之间的关系如何受到自我传播网络这一中介变量的影响呢? 自我传播网络中不同类型的媒介,他们的中介作用一样吗?

本章的第一节与第二节分别分析了社会网络对孤独感的影响与自我传播网络对孤独感的影响,本节将对中介分析的结果进行解释,说明自我传播网络在现代人的社会网络与孤独感之间所扮演的桥梁作用。

通过中介分析发现,社会网络与孤独感之间的关系受到传播网络的中介。具体而言,有如下几个方面:

1. 社会网络与 UCLA 孤独

社会网络中的熟人关系与 UCLA 孤独之间的关系受到面识网络的部分中介。这说明,熟人关系对 UCLA 孤独有抑制作用,同时,熟人关系越多的人越会使用面识网络来对此关系进行维系,进而减少 UCLA 孤独。

社会网络中的普通关系与 UCLA 孤独之间的关系受到面识网络、即时通信网络、社交媒介网络的部分中介。这说明,普通关系对 UCLA 孤独有抑制作用,同时,普通社会关系越多的人越会使用面识网络、即时通信网络、社交媒介网络来对此关系进行维系,进而减少 UCLA 孤独。

社会网络中的关系熟悉程度与 UCLA 孤独之间的关系受到面识网络、即时通信网络、社交媒介网络的部分中介。这说明,关系熟悉程度对 UCLA 孤独有抑制作用,同时,关系熟悉程度越高的人越会使用面识网络、即时通信网络、社交媒介网络来对此关系网络进行维系,进而减少 UCLA 孤独。

2.社会网络与社会孤独

社会网络中的熟人关系与社会孤独之间的关系受到面识网络的部分中介。这说明,熟人关系对社会孤独有抑制作用,同时,熟人关系越多的人越会使用面识网络来对此关系进行维系,进而减少社会孤独。

社会网络中的普通关系与社会孤独之间的关系受到面识网络、移动通信网络、社交媒介网络的完全中介。这说明,社会网络中的普通关系与社会孤独之间不存在关系,真正的原因是他们积极使用面识网络、移动通信网络、社交网络维系普通关系,进而减少了社会孤独。

社会网络中的熟悉程度与社会孤独之间的关系受到面识网络、移动通信网络、社交媒介网络的完全中介。这说明,社会网络中的关系熟悉程度与社会孤独之间不存在关系,真正的原因是他们积极使用面识网络、移动通信网络、社交网络维系此关系网络,进而减少了社会孤独。

3.社会网络与情感孤独

社会网络中的熟人关系与情感孤独之间的关系受到面识网络的部分中介。这说明,熟人关系对情感孤独有抑制作用,同时,熟人关系越多的人越会使用面识网络来对此关系进行维系,进而减少情感孤独。

社会网络中的普通关系与情感孤独之间的关系受到面识网络的部分中介。这说明,普通关系对情感孤独有抑制作用,同时,熟人关系越多的人越会使用面识网络来对此关系进行维系,进而减少情感孤独。

社会网络中的关系熟悉程度与情感孤独之间的关系受到面识网络的部分中介。这说明,关系熟悉程度对情感孤独有抑制作用,同时,关系熟悉程度越高的人越会使用面识网络来对此关系网络进行维系,进而减少情感孤独。

可见,面识网络对于人们减少情感孤独而言有着十分重要的作用。原因或许是,导致人们情感孤独的往往是缺少可以倾诉的人的陪伴,面识网络有其他媒介都所不具有的特质,可以降低人们的情感孤独。

4.社会网络与父母孤独

社会网络中的家人熟人关系与父母孤独之间的关系受到即时通信网络的部分中介。这说明,家人熟人关系对父母孤独有抑制作用,同时,家人熟人关系越多的人越会使用即时通信网络来对此关系进行维系,进而减少父母孤独。

社会网络中的家人普通关系与父母孤独之间的关系受到即时通信、移动网络的完全中介。这说明,社会网络中的父母普通关系与同辈孤独之间不存在关系,真正的原因是他们积极使用面识网络、移动通信网络、社交网络维系家人普通关系,进而减少了父母孤独。

5.社会网络与同辈孤独

社会网络中的同辈熟人关系与同辈孤独之间的关系受到面识网络、互联网络、即时通信网络的部分中介。这说明,同辈熟人关系对同辈孤独有抑制作用,同时,同辈熟人关系越多的人越会使用面识网络、互联网络、即时通信网络来对此关系进行维系,进而减少同辈孤独。

社会网络中的同辈普通关系与同辈孤独之间的关系受到面识网络、互联网络、即时通信网络的完全中介。这说明,社会网络中的同辈普通关系与同辈孤独之间不存在关系,真正的原因是他们积极使用面识网络、移动通信网络、社交网络维系普通关系,进而减少了同辈孤独。

这些研究发现说明:

首先,中介效果的存在可解释为,对现代人而言,社会网络中的熟人关系越多、普通关系越多、关系熟悉程度越高,他们的各类孤独感往往越低。但是,这种显著负相关性的存在,是由于较那些孤独感高的人,他们更多地使用了传播网络,进而减少了孤独感。该发现说明,社会网络与孤独感之间是伪相关的关系,而传播网络的使用则是共变量。这一发现与现有学者的研究结果相似。研究就社会网络、传播网络与幸福感之间的关系做过回归分析。虽然并未做中介分析,但是该研究指出:个体的幸福感并不是社会网络或传播网络的产物,而应该是社会网络与传播网络共同发生作用的结果[66]。

其次,不同基质的传播网络起到的中介效应是不同的。这说明,对不同媒介的中介作用,我们需要予以辩证地看待。第一,面识关系依旧重要。这说明,虽然中介化的交流对现代人而言十分重要,但是面识关系依旧有不可替代的功能。第二,部分移动互联媒介在现代社会中,对人们社会关系的维系依旧具有重要的作用。这个发现恰似网络化个人主义研究中的一句名言所说:"在亦不在,不在亦在。"在移动互联时代,诸如即时通信、社交媒介网络日益嵌入个体的社会生活,并能显著减少人们的孤独感。但事实上,我们需要注意,"线下之在"依旧重要,在很多模型中,唯有面识网络,才对社会网络与孤独感起到强中介作用。

最后,研究发现弱社会关系唯有通过传播网络,才能对现代人的孤独感起到抑制作用。这一研究结果所暗示的是信息和通信技术的发展强化了弱关系的作用,通过与此类关系的互动和交往,我们亦可获得所需的社会关系来抑制孤独感。这一研究结论与现有的研究发现相吻合[132]。

传播网络对现代人的孤独感而言是一个重要变量,这呼应了现有网络化个人主义的研究。其中的原因或许是,在中国当下,乡土社会模式下的以封闭社区为特征的社会网络模式,随着城市化的发展被以个体为中心的社会网络模式所取代,每个人的社会关系都不再近在咫尺。而与此同时,传播网络则成为重新联系人与人的载体,唯有通过由不同媒介所搭建的传播网络的中介作用,存在于社会网络中的社会资本才会给个体带来益处。

曾有学者提出,传播技术的发展,会改变人们的社会关系,这种改变,会增加人们的孤独感[133]。而本研究的观点与之不同:传播网络是人们维系自我社会网络的重要途径,而传播技术的社会重要性也由此得到了彰显。

第七章　认知的调节作用:通天塔或巴别塔只是一念之隔

　　苏珊·桑格塔写作的风格是笔者所喜欢的,写作、思考、实践在生活中该融为一体。在生活中,笔者观察到了本书提出的理论框架无法回答的一个问题:如果笔者说的是对的,那么为什么皇帝坐拥群臣,妻妾相伴,却依旧感到孤独? 为什么我们时常感到微信聊得越多,与他人的关系却越疏远?

　　在实证研究部分,本研究用到的核心构面分别是社会资本与自我传播网络。就社会资本的面向上,本研究的假设是社会网络中不同类型的社会关系,可以抵御个体不同维度的孤独感;就自我传播网络的面向上,本研究将自我传播网络看作个体获取社会资本的途径与渠道。但研究数据表明,这两个构面虽然对孤独感存在显著影响,但解释力有限,而且出现了一些很吊诡的变量关系,如父母关系与父母孤独无关。事实上,孤独感受到两个因素的影响:环境与认知。可以将社会网络与自我传播网络看作是个体所处的外部环境,而外部的关系又往往受到个体主观认知的调节。

　　从某种意义上说,这样的解释存在必要性,因为在日常生活中,充斥了太多这样的现象:有很多的朋友,有看似健康的家庭,看似恩爱的伴侣,但却依旧深感孤独。如果说,社会资本从社会学的角度,对孤独感进行了解释,那么,另外一个重要的角度或许是个体的认知。不同的学科都用自己的逻辑建构着对问题的解释方式,但往往离真相很远。与社会学由外向内的视角不同,心理学所用的由内向外的视角或许可以给本研究提供一个更为全面的图景。

　　在本部分,笔者想分析的问题是,为什么在我们拥有了社会网络之后,依旧会感到孤独;当我们感到孤独的时候,不同类型的孤独将导致怎样的媒介使用行为,而用媒介建立的关系又为什么很可能导致我们回避真正重要关系的建立。如果不调整认知—行为关系,媒介使用真的可以解决我们的孤独感吗? 群体性孤独的根本原因到底是什么?

第一节　关系作为一种认知投射的游戏

孤独是理想与现实关系存在差距的结果。不同维度的"自我—他人"关系对应着不同类型的孤独。与多重自我对应的关系的缺失造成了不同类型的孤独感。卡乔波指出,自我可以分为三类:首属关系我、集体我、个体我。三种不同类型的自我,与不同类型的社会关系联结。首属关系我与父母、同辈等重要社会关系联系在一起,联系的缺失将分别导致父母孤独、同辈孤独;集体我与其他社会关系联系在一起,这种联系较为宽泛,联系的缺失将导致社会孤独;个体我是自我最核心的层次,这个自我希望能够通过社会联系,让真实的自我予以表露,并为人所理解。与这三种不同类型的自我对应的是各种不同类型的关系,这三种不同类型的自我,需要不同的社会关系,而当某类社会关系缺失的时候,会产生特定的孤独感。

认知将影响个体对关系的判断,交往中的认知投射是形成群体性孤独的原因。武志红指出,交往对大多数人而言是一个主观认知投射的游戏,他们往往仅看到自己预期中的关系,当现实关系与自己预期关系一致时,他们就判断其为亲密关系,并感到满意。但问题的关键在于,没有任何人会完全按照你头脑中的互动脚本与你进行互动,这也就会让个体随时面临一种可能,即理想关系与现实关系存在差异,也会让个体面临一种体验,即不管是谁,都无法完全满足自己对关系的需求,如果自己对此很敏感,就会随时处于孤独的困扰之中。

不自觉地,我们对关系的认知投射受到伦理、话语等因素的捆绑。在"孤独六讲"中,蒋勋把现代人的孤独分为六种。我们每个人的认知都深深地被伦理与话语套路化着,我们仅看到了伦理中的你我而不是真实的对方,话语也仅限于话语规则而无法通达人心,前者限制了认知,后者限制了交流。

伦理孤独让我们深陷在小我之中。在中国儒家文化的影响下,我们与他人的交往关系都存在于小我之中,伦理约束了我们所看到的对方应该是什么样的,而不是在刹那之间,通过"真我"的交流完成心与心的对话。事实上,想要真正地理解彼此,需要去悬搁小我。

本用于交流的语言,在日常生活中却常常扮演着交流障碍的角色。上帝为了防止人们建造巴别塔,发明了语言。语言一开始就注定了被用于阻碍人真正的交流。恰如吴尔敦在拯救传播中所指出的,传播的信息层面往往强于关系层面,我们说话但往往没有人听到,是为语言孤独。这种感觉有点像彼得斯的"对空言说"。

当伦理与语言挡住了我们感情的出口,将出现情欲孤独。情欲孤独是我们在伦理孤独与语言孤独两种压力之下所产生的结果。克里希纳穆提对孤独的分析是:孤独就是当个体无法与外界产生联系,感情处于自闭状态无法流动时所产生的体验。本研究将孤独进行了分类,事实上,社会孤独、情感孤独、父母孤独、同辈孤独,都可以被看作是情欲孤独的细化分类。

受制于认知投射、伦理、语言的影响,太多看上去的社会联系其实并无法让我们产生内心的交流,最终产生了大多数人无法根治的情欲孤独,而这种情欲孤独在不同的关系中,呈现出各类孤独形态。所以,即便我们在表面上拥有这些社会关系,或许依旧无法从根本上消除我们的孤独感。这也可以解释为什么在本书第二部分社会关系对孤独感的解释力并不高,有些甚至没有相关性。

第二节　媒介延伸了脆弱的自我

媒介延伸了脆弱的自我:渴望亲密关系的真我与害怕社交风险的小我。天性让孤独的人逃避并渴望着亲密关系。卡乔波指出,个体在遭遇关系困境时,最直觉的反应并不是去修复关系,而是采取回避的行为。当我们感到口渴时,我们会去喝水;当感到肚子饿了时,我们会去吃东西。这些问题在物质丰裕的今天显得很容易解决,但当我们孤独的时候,我们往往选择的不是去建立我们所缺失的亲密联系,而是回避,原因在于:打击—逃避是人的天性,建立亲密关系需要投入精力、时间并将我们置于被打击的社交风险之中。

屏幕对面的他,很可能是逃避的绝佳途径。阿德勒指出,个体对于无法获得需求所形成的自卑,会寻求另一种形式予以超越。毕竟,我们每个人都想获得优越感,但当我们无法获得某些优越感的时候,可能会用另外一种方式获得优越感,以进行弥补。线上社会关系的建立,或许只是线下社会关系无法满足后的一种逃避型的选择。媒介中的身份试验是对现实生活中不尽如人意的自我身份的补偿,媒介中的自我表露是现实生活中没有表达的情感的宣泄,媒介中的自我呈现是对现实生活中并不完美的自己的粉饰,而用媒介孤立自己则是通过这种方式,挑战父母、试图获得父母—子女关系中的控制权。因此,很多时候,我们通过媒介的使用,看似是在与外界建立联系,但这种联系的建立对我们而言很可能并不是真正重要的。

技术并无好坏,技术是个体心理的延伸。逃避抑或是关系的重建往往只在一念之间,而两种选择势必外化出不同的媒介使用方式。下一节提到的使用与满足理论是对这个观点的支持。

第三节　四种孤独、四种脆弱、四种媒介使用的表征

媒介采用范式的核心要义是,个体的心理决定了媒介的使用行为。使用与满足理论以受众为核心来分析受众特定的媒介使用行为与习惯。使用与满足理论指出背景性的特征(例如孤独感)将会影响传播的动机。传播动机则会对人们如何使用 CMC 进行关系传播产生影响。从根本上来说,人们交流是为了满足源自自身社会、心理特征的需要。这些需要产生了不同的交流动机,并进而影响着媒介的选择、使用策略和使用行为[30]。

整合心理学与传播学的理论资源,我们可以对悖论性的现象进行解释:我们每个人都需要亲密关系,但当我们使用媒介时,往往可能由于认知的缘故而导致我们用关系去回避关系。受制于人性的弱点,关系成了我们逃避关系的途径。

一、情感孤独与社交媒体中的自我表露

爱而不得,是伦理与个体生命自由冲突的一条主线。这样的冲突充斥着凄凉的美感。在《一代宗师》中,叶问与宫二的恩怨如同一盘棋,更像一段缘分留在那里。尘埃落定,各得其所,爱而不得。

自我最核心的个体我往往是孤独的。受制于中国的伦理,很多时候我们被教育不要乱说话,不要太多地表达。在这样的环境中成长起来的我们,似乎会感觉表达自己是一种错误。但更可怕的或许是,我们根本找不到那个可以坦荡畅谈的人。

　　这种情感孤独，在我们人生经历中，最大的感受可能是缘于与我们相伴最久的那个人。有种很浪漫但残忍的说法是，我们每个人都是被劈开的半个人，终生在找我们的另一半。浪漫的地方在于，在这个世界上，可能存在另一个人与我们生来契合，我们的基因、气质、认知、爱好、话题完全匹配，我们想着彼此想着的事，我们爱着彼此爱着的生活。而残忍的地方在于，我们往往在知道爱是什么的时候，由于伦理的催促抑或是自我的无意识，已经形成了形式上的婚姻，没有办法在发现一生所爱的时候，再和对方在一起。

　　大多数情况下，与我们共度一生的另一半终究不完美，彼此往往无法成为认知中完美的那一个人。中国传统文化中所谓的"三从四德"，根本无法塑造出一段完美的婚姻。"夫为妻纲"，坑了妻子，也给丈夫准备了一个更大的坑。举案齐眉真的好吗？笔者印象中有一部日本电影，大致情节是，夫妻俩共同生活多年，男女双方处于支配—被支配的关系中，每次的交流大致这样进行：男方说一句话，女方的唯一回答是"哦"。男方每次出门，女方会为其准备好一切。故事发展到有一次男方什么都没说，但女方认为男方说话了，并说了"哦"，这种情况发生了很多次，开始男方会指出来，后来就再未指出。

　　很多中国家庭的相处模式似乎也是支配与被支配的，这种支配模式背后的认知结构是"我行—你不行"。总有一方慢慢丧失自我，总有一天，另一个人会厌倦为形同丧尸的对方承担一切。因为从婚姻中，人们真正需要的不是皮囊，而是符合自己预期的交流。佛祖说：美色如幻影，你得到，幻影就消失。之所以如此，是因为皮囊的美只能带来审美上的乐趣，无法填补内心的空缺。当我们的情感无法释放时，当内心的那个我找不到交流的对象时，人们很本能的一个反应不是去修复关系，而是找另外一个人去交流。

　　当我们无法从婚姻中找到理想的交流感觉、话题时，很有可能通过媒介所给予的空间找到另一个人进行交流。这个人可以是现实生活中与你完全契合，但无奈分隔的那一半，也有可能完全是一个陌生人，你仅仅想把自己要说的说完。

　　于是，自我表露成了那些具有情感孤独的人使用社交媒介的重要动因。自我表露（self-disclosure）是指个体将有关自己的思想、感受以及经历等个人信息表露给目标个体的行为 。美国学者戈夫曼对自我表露的研究指出，个体有可能采取策略化的行为来使他人对自己形成特定的印象，而有意的传播行为和无意的非语言行为均有可能达成特定的自我表露 。

　　存在孤独感的个体之所以愿意使用网络空间进行自我表露，是因为网络过滤了前台的限制。戈夫曼指出,人的前台行为往往根据一定的规则展开,用一定的规则说话或行动。网络空间过滤了前台所赋予的社交情境,因此个体得以更充分地表露自我。人们对互联网的依赖程度日益加深,对网络自我表露的研究逐渐取代传统人际互动中的自我表露。和面对面交流中的自我表露相比,网络自我表露最大的特点在于匿名性和缺少视觉线索,因此个体必须更加积极地表露信息才可维持网络沟通。有学者据此认为匿名状态会引起网络上的个体自我意识减少,对网络环境的认同增加,进而引起更多形式和更大程度的自我表露。

二、社会孤独与身份试验

人们对社会孤独是恐惧的。某日,女儿被姑姑带出去玩耍了,笔者得以偷得半日闲暇,捧盏茶,盘着腿,听瑜伽音乐,注视唐卡。没过一会儿,母亲进来,淡淡地说:"你不要把自己搞得那么孤僻,这样不好。"笔者回答说:"我的好友都不在宁波,天涯海角的,你让我怎么办?"从这个日常小事中,我们可以看出两点:第一,社会孤独是为一般人难以理解的;第二,现代社会事实上加剧了社会孤独的可能。

人是社会的动物,我们要找到和自己基因相匹配的社交圈子。

心理学与进化论都指出了"圈子"的重要性。阿德勒指出,对个体而言,社会圈对个体的生命意义有着重要影响。从进化的角度来看,离群索居在原始社会意味着面临源自不可控的自然界的诸多威胁,人们结成社会就是为了对抗外部不可知的种种。进化让心理与生理结合在一起,以至于当我们感到被人孤立的时候,会感觉到生理上的种种不舒服,而这些生理指标是在告诉我们,需要和他人待在一起。

社会动物往往有时无法找到与自己匹配的圈子。我们是社会的动物,当周遭的人不是我们喜欢的人的时候,我们要做的不是去逃离,而是找到和我们基因相匹配的社会关系。但现代社会带来了职业化的分工,将我们每个人安排了固定的身份。我们在社会上承担着某些角色,但终有些角色我们想尝试却无法实现。这个时候,我们会发现一个神奇的"共同效应":当你认为你的环境不如意的时候,环境中的其他人也同样觉得你不合他们的心意。这是典型的由认知影响环境的发生路径。人们开始孤立你,而处于孤独感中的个体,会无限放大人们的孤立,由此产生了一个恶性循环。

同样,出于人的本性,处于这种情境下的个体,第一反应不是去调整自己的认知,而很可能产生这样的想法:我要逃离这里,去做另外一个自己。

这就引出了第二个概念:身份试验。身份是对"我是谁"以及"我是什么"的理解,每个人的自我包括现实中的我(即为周围人所感知到的这个我)以及可能的我(即尚未实现,但是自己却希望成为或害怕成为的我),这些可能的我有可能成为连接个体当下与未来的桥梁。

每个人都可能对现实生活中的自己的身份不甚满意,但在现实生活中重塑新的身份、融入自我想要的社会圈子又需要付出很高的成本。而且很多时候,个体的社会阶层很可能阻隔了他调整身份的可能。而网络空间则提供了一个新的环境。因此,网络往往成为身份实验的场所。

三、同辈孤独与朋友圈中的自我呈现

朋友最大的用处在于其无用。朋友关系中的任何一个人,都不会把彼此当作资源抑或是工具。

当你想到朋友的时候,你想到了什么? 儒家典籍中所说到的朋友是君子之交淡如水,这样的朋友关系,在功利化的今天还剩下多少? 社会的现实,让我们用功利化的眼镜看待朋友:他的职业、学历、身份,都构成了我们的评判标准。眼镜背后,是一把尺子:他现在拥有的这些是否够格做我的朋友。他能否成为我的资源,他是否有用,决定了我们是否可以做朋友,可以做什么样的朋友。

当我们用功利的方式看着朋友的同时,朋友同样也在用这种功利的方式看着我们。当我们在这样评价朋友的时候,我们是否意识到,我们在社交媒体上的自我呈现,总是在呈现出自己前台的形象,永远都是衣着光鲜,楚楚动人,充满活力。可是,这是真正的我们吗? 这只是我们根据朋友的套路在建构一个自我。换句话说,这个自我只是我们想象中的那个朋友该看到的自我延伸罢了。

这就引出了第三个概念:自我呈现。符号互动论代表人物欧文·戈夫曼将人类的表演场称作舞台,在舞台的前区(台上),人们所扮演的通常是一定程度上理想化和社会化的自我,一种制度化的社会存在,如背景布置或是着装礼仪,皆彰显出表演者的身份地位。舞台的后区(台下),则是与前区相对的概念,表演者不受约束,没有众多观众视线或者舞台布景的限制。伴随着互联网技术的快速发展与广泛应用,人们的活动空间已经从现实的地理空间向虚拟的网络空间延伸,在网络空间中,前台和后台都脱离了时间和空间的限制,组成前台的两个部分——背景(setting)和个人门面(personal front)都被网络主体隐藏了起来。比如,在现实生活中的前台表演,演员的

表演和观众的观看在时空上是同步的，而通过微信等网络平台的自我呈现，表演和观众的观看却存在时空的异步性，表演者如果觉得自己的呈现（表演）没有达到一定的效果，还可以适时更改或者撤回相关内容。因此，互联网的自我呈现和现实中的前台表演有一定的区别，前者呈现的过程和结果"表演"的成分会更多，准备工作也更加充分。

有研究指出，在微信平台上，大学生通过朋友圈点赞或评论、展示个人信息等方式进行自我呈现，其角色扮演包括"理想型""神秘化""悖反型""协调型"等。微信中的行动者角色扮演的策略包括观众的选择与隔离、有选择地自我呈现。大学生微信自我呈现的意义在于满足"自我表现"的心理诉求，进行有效的"印象管理"，塑造和构建自我形象，增强自我认同感。这种表演在微博上同样存在。微博表演，指网络用户在微博平台上的一种选择性地呈现理想化自我的行为方式。

在此平台上，个体的自我呈现与现实世界的人际交往一样，存在着浓厚的"表演"成分。微博上这种新的自我呈现方式打破了传统表演的地理限制，原本前台、后台区域间的明显界限逐渐变得模糊。相较于 QQ 空间、人人网和博客等网络平台，微博的内容发布门槛更低，传播速度更快，传播范围也更加广泛。这些特点不仅带给微博用户更多自由表达的空间，也使微博上表演主体对其表演角色的印象管理具有更大的随意性和可控性，总是选择呈现出最理想的一面。对于表演的前台和后台，戈夫曼认为现实生活中的前台是个体在表演期间有意无意使用的、标准的表达性装备，包括舞台设置和个人前台，而个人前台主要指表达性装备中能使我们与表演者产生内在认同的部分[4]。在微博表演行为中，表演的前台便是微博用户呈现给观众的部分，而后台则是屏幕后的真实世界。运用这一理论关照微博场域能够发现，这其中微博的个人主页等同于微博前台的舞台设置，用户可以通过丰富多样的主题和色彩等装扮个人主页，呈现出个性风格。个人前台具体到微博平台个人在主页上呈现的个人资料和利用文字、图片等发布的个性化动态信息。微博个体通过精心设置个人主页和昵称，以及发布过滤后的个性化信息，塑造和呈现理想化形象。

在社交媒体上的表现，让我们每个人成为自己想呈现给朋友的那个人。我们永远年轻、健康、上进、努力，或许在无意识的过程中，我们离好友越来越远。

四、父母孤独与作为区隔的媒介

父母爱孩子，是这个世界上最大的谎言。在他们的认知中，所谓的爱，很可能是根据这样的思路展开的:我很爱你,所以你必须听我的话,否则我就不爱你,你这个坏孩子。

中国的儒家文化,限制了家长对"父母—子女"关系的想象。中国父母—子女关系,可以分为四种类型:"我行—你也行""我行—你不行""我不行—你行""我不行—你也不行"。"父为子纲"是典型的"我行—你不行"的认知方式,延伸出了独裁式的家庭关系。事实上,中国的新一代孩子成长于受西方主流文化影响很大的社会环境中。不难想象,这两个群体对"父母—子女"关系的看法一定有冲突。他们在冲突的认知框架中看待彼此的关系,也就不难理解为何最终孩子会远离父母,因为事实上,父母一直远离着自己的孩子。

事实上,笔者就是在这样的家庭中长大的。自己的体验是,时时刻刻如履薄冰,观察着母亲的情绪变化,扮演着一个乖儿子的形象,从未忤逆,甚至叛逆。但在这个过程中,相信有同样经历的孩子都会有同样一种体验:我们逐渐发展出了一个和自己迥然不同的自我来应付父母,扮演着父母可以接受的形象。因此,父母很多时候认识或了解的不是真实的我,而是表现给他们看的我。父母从未走进真实的我,那么原本该建立的"我—父母"的关系,实际上是缺位的,由此也就导致了父母孤独的产生。

当接触到媒介时,媒介所隐喻的另一个空间,是我们抗争的一种手段。媒介是一种区隔,当孩子尚未离开家里独立时,在感到父母无法理解自己之后,他们会选择通过媒介的方式与父母区隔开。在西方个体主义盛行的今天,孩子典型的思维是:我要个体,你要伦理,不理解,就让我一个人。恰如雪莉·特克尔所说的,媒介改变了我们对孤单与相处的定义。当我们与父母相处的时候,很可能与他们是分离的。

第四节　结论与讨论

无法传播的问题无法通过技术解决。尽管从定量研究的结果上看,网络媒介的出现的确可以建立社会关系,在基础上,国内外很多学者对通过媒介解决现代人社会联系的问题采取了一个相对乐观的态度。但恰如吴尔敦所指出的,无法传播的问题在于在社会关系越来越淡漠的今天,我们又获得了空前的自由。我们有自由不去建立真正对我们孤独感有抑制作用的社会联系,而很可能根据自己的本能自由地选择替代性的社会关系。卡乔波指出，人们在面对孤独的时候，很可能去寻找的不是自己所缺失的关系，因为这些关系的建立需要付出很高的成本，面临很高的社交风险。我们很可能去寻找替代品，例如吃冰激凌、吃巧克力。而在笔者看来，不建立对自己生命而言真正重要的社会关系，也同样是一种寻找替代品的行为。在心理学的视域中，逃避性的关系建立行为缘于个体"打击—逃避"的心理防御机制。

当我们反思孤独感越深入，对孤独感真正产生帮助的社会联系的需要越迫切，我们越会发现，出于逃避目的所建立的社会联系不管是为了自我表露、身份变换、自我呈现还是家庭逃避，在很大程度上，都无法解决我们的孤独感问题。而这也就可以解释为什么在历时性的研究中，通过媒介所建立的社会关系无法解决我们的孤独感问题。在笔者的历时性研究中，也有同样的发现。

但当我们面对生命中真正迫切需要的社会关系时，就意味着我们需要从线上转移到线下，去面对可能面对的社交风险，去与自己的认知对抗。根据笔者自己的生命体验，这个过程孤独且辛苦。稻盛和夫指出，人之所以伟大，是因为人永远可以去战胜自己。在和孤独的抗争过程中，我们需要去调整自己的认知与媒介使用方式。

第八章　研究的总结、局限与展望

第一节　研究发现

　　全世界有 6700 万孤独症患者,过去 20 年里,发达国家的孤独症病例呈现出爆发式上涨。在中国,2011 年仅广州常住人口中就有约 7 万名孤独症患者,而且数量还在逐年增加。而这里的人数其实仅包括那些由于遗传而导致的特质性孤独。近来一篇很火的网络文章《十二种孤独》将中国所面临的孤独现状进行了描绘、分类,其与个人社会网络相关的孤独感占了五种:老无所依、独生子女、离开故乡、因为爱情和我不相信(意指不相信陌生人)。同时,笔者惊讶地发现,这篇文章似乎犯了和那些科技决定论者同样的错误:将传播媒介归类为引发现代人孤独感的第一大要素。或许,正是由于人们对媒介所持的类似偏见,导致了 Robert Kraut 所做的第一项研究:互联网导致更多的孤独感与更少的幸福感受到了社会的普遍关注[47, 134]。而四年之后的研究发现,当初那些使用者的孤独感有所降低而幸福感有所升高的结论被忽视了。有别于技术决定论的思路,本研究从整体视角上采用了网络化个人主义这一研究范式,认为传播技术是镶嵌在社会中,并由社会所决定的。

　　本研究基于网络化个人主义这一研究范式,以中国为研究语境,对现代人的社会网络、自我传播网络与孤独感之间的关系进行了分析,总体来说:

　　对现代人而言,社会网络、自我传播网络与孤独感之间的关系可能是,社会网络是由自我传播网络所中介的复杂关系网络,自我传播网络与社会网络对个体不同维度的孤独感有着显著影响,社会网络对孤独感的影响受到自我传播网络使用的中介。

对于社会网络、自我传播网络与孤独感之间的关系而言:

(1)现代人嵌入社会网络之中,社会网络中不同类型的社会关系对不同类型孤独感的抑制有着重要作用。

(2)社会网络由自我传播网络缔结而成,对现代人而言,社会生活中很重要的一个面向是用不同基质的自我传播网络进行"结网",以连接社会网络。自我传播网络受自我社会网络的影响,自我社会网络相对稳定,自我社会网络的特征(关系网络的同质或异质)与社会关系结构(家人、好友、同辈)决定了现代人自我传播网络的搭建方式。

(3)自我传播网络是整合使用的,同时,自我传播网络对个人来说具有效益,与现代人不同维度的孤独感存在显著负相关性,但不同基质的自我传播网络影响不同,进而出现差序格局的现象。

(4)对现代人而言,社会网络与自我传播网络都是不可或缺的,自我传播网络中介着社会网络与孤独感之间的关系。社会网络之所以可以减少个体的孤独感,是由于我们积极建构自我传播网络,但不同基质自我传播网络的中介效果有所不同。

(5)自我传播网络可以看作是个体社会网络与幸福感的反映。自我传播网络"结网"程度越高,其社会网络越发达,同时其各维度的孤独程度越低。

本研究回应了现有网络化个人主义研究中的呼吁[67],将孤独感作为因变量,将社会网络作为自变量,将传播网络作为中介变量进行了分析。研究在现有的与网络化个人主义相关的文献中有其特殊的价值。

首先,网络化个人主义的研究,针对全国展开抽样的并不多。在先前的同一话题研究中,有些学者就年轻人展开研究[135],有些针对老年人展开研究[136]。本研究基于随机抽样以及分布式滚雪球抽样的方式,具有足够的代表性,进而与那些仅针对部分群体抽样的研究有了区隔。样本中,年龄、教育等人口变量的分布较之以往的研究更为均衡。如果对文献整理没有纰漏,本研究应该是目前为止,亚洲就此议题展开的为数不多的全国性研究之一。

其次,就理论层面上的贡献而言:第一,打通了网络化个人主义与孤独感之间的关系,并通过整合生态系统理论,进一步就传播网络的使用与多维度的孤独感进行了考察;第二,通过社会网络、自我传播网络、孤独感之间的中介机制分析,分析了三者之间的因果机制。

最后,就社会层面上的贡献而言,是对身处媒介化时代个人的社会现状的实证考察:传播网络中的网络资本与不同的孤独感之间呈现显著负相关性。更进一步,不是所有的传播网络中的网络资本都能减少人们的孤独感,只有某些传播媒介中的某类网络资本才对特定的孤独感有影响。而这也正说明了提升现代人媒介素养的重要性,因为唯有人们认识到并不是所有传播网络中的社会关系都能给自己提供社会资源[137]时,才可能有选择性地建构自己的社会关系。

今后,随着移动技术的发展,将互联网络用于人际联系将变得更为普遍,与此同时,互联网将提供更为多样的交往形式。而这将使线上与线下交融在一起,难以区分[138]。因此,人们将如何整合不同类型的媒介从而构成传播网络、人们使用网络的动机是什么、人们使用网络将造成什么样的影响、我们该如何培养自己的媒介素养,是未来学术研究中值得进一步展开探讨的问题。而更为重要的或许是从不同的研究方法上,考察现代人的自我传播网络与社会网络之间的关系。

第二节　本研究的局限

回顾整体过程,本研究存在如下几点局限:

首先,在自我社会网络测量及中介化社会网络测量中,笔者用到的方法是回忆法,即让被试就自己的社会网络状况进行回忆。一般而言,在自我传播网络的测量中,多用提名法[66]。但根据相关学者的理论,提名法有诸多弊端[139-140],因此一些研究用回忆法来测量自己的社会网络[141]。根据相关研究,这两种方法所测量的自我社会网络并不存在太大的差异,而且,在与网络化个人主义相关的研究中,为数不多的全国性调查采用的均是回忆法[64-65],因此,在本研究中,笔者也采用了这一方式。但不得不说,这种方法有很大的局限性。例如,人们通过回忆所得出的数据,相较于提名法弱了很多,而且回答的时候也更为随意。尽管笔者使用了箱型图进行检验,就异常值进行了排查,但是依旧无法完全抵消由于这种研究方法上的缺陷所可能产生的研究结果偏差。

其次,在研究最初,虽然设计了历时性分析,力图用该研究方法直接找到自我传播网络使用与不同类型孤独感之间的因果机制,但由于时间限制,为期两个月的时间间隔太短,大多数的自我传播网络使用与孤独感之间并未出现明显的因果机制。

最后,需要指出的是,在整个研究中,社会网络与传播网络对孤独感的解释力偏弱,经访谈本研究认为可能的原因除了社会网络、传播网络外,个体的人格特质或许也同样是解释孤独感无法忽略的因素,同时需要对现有网络化个人主义研究中的预设进行反思。

(1)网络化个人主义的研究路径将研究视角放在社会网络对个体媒介使用行为与社会心理的影响下。但是,在访谈的过程中,本研究发现个体的人格特质,实际上也会影响个体的结网行为。

问:当你在感到孤独的时候,你一般会找谁进行交往或联系呢?

答:我在感到孤独的时候,并不会找人进行交往或联系。一般而言,我只是一个人安静地待着,不和任何人联系。(M先生)

有研究指出,特质性孤独作为一种浅层人格特质,会影响个体的人际交往行为,特质性孤独会随着社会环境的改变而发生改变。对M先生来说,毕业后离家去上海工作,脱离了原先的社会网络,在上海工作后,虽然有了新的同事,但是,更多的时候,他愿意让自己与外界保持距离,而这种特质性的孤独,会在保持情境性孤独半年之后形成,而其所具有的特征就如访谈中M先生所说的那样,在感到孤独的时候,并不愿与他人过多地交流,而只是保持一个人的状态。这让我们对网络化个人主义这个概念保持乐观的同时保持一定的冷静,因为并不是所有人都能熟练地在重新进入一个新的社会网络之后,迅速做出调整。

(2)除了浅层人格特质之外,个体的五型人格或修辞敏感性对个体的结网起着更大的作用。

问:你一般会选择和谁交流呢?

答:其实,这年头,能交流的人越来越少了。我一般和爱人交流比较多,幸好我算是比较幸运的,能有个和我有共同话题的爱人。但是,说到朋友的话,我却发现能说话的人越来越少,很多话题我甚至不敢和朋友提起,或许我这个人比较敏感吧。随着每个人生活轨迹的不同,现在能聊天的朋友越来越少,不过,幸好,自己的朋友圈子也随着时间而发生着变化,朋友圈里的人进进出出,自己也总算能找到能聊天的人。(F先生)

　　F先生是一个具有修辞敏感性的个体，可是他的性格外向，会根据自己的需要重新缔结自己所需要的社会网络，但是，对那些内向的个体而言，情形就不太一样了。

　　问：你一般会和谁交流呢？
　　答：爱人吧，自己朋友不多，单位中的同事也一般仅限于工作关系，因此常常没有可以说话的人。（W先生）

　　在与W先生访谈结束后，W先生发微信告知，其实自己与爱人也无法聊天，因为理念、个性、思想完全不同。可见，W先生是一个相对内向的人，W先生的个性使其较难成功缔结良好的社会网络。

　　（3）在访谈中，出现了网络化个人主义研究可能的一个新路径：准社会关系。

　　准中介互动这一概念原本用于大众媒介的研究之中，意指人们与视频中的角色进行互动，并在互动之中获得陪伴感。在此次访谈中，有些访谈对象表示，对自身而言，2.5次元、动漫中的角色，在他们感到孤独的时候往往会有更好的陪伴作用。

　　问：在你感到孤独的时候，你会与哪些人交流呢？
　　答：我在孤独的时候一般看动漫居多，我是动漫迷。
　　问：那么，是否可以说，动漫或2.5次元中的角色也同样可以给你带来陪伴性的作用呢？
　　答：是的，我觉得并不存在太大的差别，我喜欢玩一些角色扮演（RPG）游戏，在此过程中，我能体验到和真实世界类似的浸入感。（Z先生）

　　这段访谈与研究者自己的体验是类似的，媒介本身就提供了一个可供人"浸入"的虚拟空间，而各种互动技术的发展，例如弹幕，以及一些互动平台的出现，例如优酷、博客、斗鱼，都逐渐显现出在个体结网的另一端，很可能并不是真实的社会关系，而是"准社会关系"，那么，这种类型的社会关系会对现代人的社会心理产生什么样的影响呢？这是一个值得去进一步深入思考的问题。

　　（4）经由访谈，本研究认为，或许要对网络化个人主义所秉持的媒介中性预设进行反思。

　　我们究竟是为了缔结社会关系而结网，还是只是受到媒介使用习惯的驱使？网络化个人主义的研究视角认为,传播网络是社会关系网络的延伸,但是,这一预设在访谈中受到了挑战。

　　问:你平时用微信多吗?

　　答:还是蛮多的,这个得改。以前和父母聚在一起的时候,经常和父母聊天,但现在却往往只是低着头刷着自己的微信和朋友圈。说实话,其实也没啥人联系我,只是习惯了。在学校的时候,如果不刷朋友圈,会让人觉得自己的人缘差,久而久之似乎就成了习惯了。(Y 先生)

　　这似乎验证了麦克卢汉的"媒介即隐喻",当我们在接触到新媒体的那一刹那,自己的媒介使用习惯就在不知不觉之间发生了变化,而当自己在刷微信、玩空间的时候,更多的时候并不是在进行交流,事实上,这一行为会妨碍我们的社会关系。

第三节　展　望

　　在本研究中,自己对现代社会中自我传播网络的认识还是浮于表面的,苦于研究方法的局限,仅仅分析了自我传播网络十分表层的现象,在研究结束时,再回顾自己的视角,实际上只把握了传播网络静态性的一面,即通过截面研究分析了传播网络对社会与个人的影响。但我们不能忽略自我传播网络中很重要的一点:传播网络是嵌入社会网络之中,并实现着资源交换功能的。具体而言:

　　传播固然是为了联系彼此,但是,我们该如何认识当我们以自我为中心,用传播系统与他人勾连之后的结果呢?这种自我中心的传播网络在我们建立完这层层的网络后,将我们笼罩其中。那么,一个更为有意思的事情是,如何对这种处于层层自我传播网络包围之中的个体展开一个动态性的考察?这将对我们个体带来什么样的影响?我们该如何认识这种结果?

　　其实传播网络这一概念的提出者就偏重于用结构化的方式来把握传播。概念提出者指出:传播是一种人类行为(包括活动、实践、过程)结构,是一种表达形式的总和,一个被建构了的以及正在建构的整套社会关系网[142]。因此,当我们用这种结构化的观点来看"人们以自我为中心通过各种媒介与自己的社会网络保持联系"这一现象时,我们会发现,一方面我们通过面识网络、移动网络、互联网络、即时通信网络、社交媒介网络与外界连接着,另一方面,从结构化的观点来看,我们将自己置身于由自己所编织的传播网络之中,在传播的过程中,我们建构了基于不同传播网络基质的社会关系网络。那么,我们该如何去认识这个自我传播网络对个体可能产生的影响呢?自我传播网络之所以能够对个体形成影响,是由于当我们身处其中时,会获得源自网络的不同类型的资源。

概念提出者由于研究的需要,更多的是从符号的角度来把握处于传播网络中的资源的。因此,他在研究中,通过整合杜威的"意义通过交流而产生",凯瑞的"传播是对世界的形塑与建构",解释了传播网络如何通过符号的交换,对人们的社会化产生影响。一般的研究都会将其研究中的传播网络仅仅等同于承载信息的网络,并通过信息的传递,实现某些功能,这当然是传播网络使用的一个方面。恰如概念提出者所说:传播网络嵌入社会网络之后,所交换的不仅仅是信息、观念,还包括情感。或许,也正因此,原先存在于社会网络中的社会资本与情感支持才能作为一种资源为个体所用。

因此,倘若能从结构性的视角,用虚拟民族志的方式,就处于网络化个人主义时代的自我传播网络使用行为进行考察,或许会更有意思。

接下来的研究可以从如下两个方面入手进行延伸:第一个角度是延伸第一章的思考路径,实证性分析在中国,新媒体、大众媒体、空间媒体如何融入人们的日常生活,如何勾连着家人、同辈、好友等社会关系,孤独如何在以这些媒介为介质的互动中得以消解;第二个角度是延伸第七章的思考路径,实证性分析日常生活中的各类孤独感如何延伸到个体的媒介使用习惯中,并通过虚拟民族志的方式分析在虚拟空间中社会网络与孤独感的变化。

参考文献

[1] LAGERKVIST A. Terra (in) cognita：mediated America as thirdspace experience[J]. Geographies of Communication：the Spatial Turn in Media Studies，2006：261-278.

[2] WEISS R S. Loneliness：the experience of emotional and social isolation[M]. Cambridge，Mass：MIT Press，1974.

[3] BAUMAN Z. Postmodernity and its discontents[M]. Cambridge：Polity Press，1997.

[4] 张毅. 城市空间的心理解读[J]. 山西建筑，2006，(10)：37-38.

[5] 田晓明. 孤独：中国城市秩序重构的心理拐点[J]. 学习与探索，2011（02）：7-13.

[6] DUANY A，PLATER-ZYBERK E，SPECK J. Suburban nation：the rise of sprawl and the decline of the American Dream[M]. London：Macmillan，2001.

[7] 张海钟. 城市化背景下的城市社会心理研究课题导论[J]. 重庆科技学院学报(社会科学版)，2012(23)：13-16.

[8] EDELSTEIN A S，LARSEN O N. The weekly press' contribution to a sense of urban community[J]. Journalism & Mass Communication Quarterly，1960，37(4)：489-498.

[9] 李彬，关琮严. 空间媒介化与媒介空间化：论媒介进化及其研究的空间转向[J]. 国际新闻界，2012(05)：38-42.

[10] SLATER P. The pursuit of loneliness：American culture at the

breaking point[M]. Boston：Beacon Press，1990.

[11] GURNEY K. An introduction to neural networks[M]. Florida：CRC press，1997.

[12] DEWEY J. Democracy and education[M]. New York：Feather Trail Press，1923.

[13] SANDRA B-R，KIM Y-C，SORIN M. Storytelling neighborhood：paths to belonging in diverse urban environments[J]. Communication Research，2001，28(4)：392-428.

[14] DE MACEDO II. Aspectos comportamentais da gestão de pessoas [M]. Orlando：Editora FGV，2015.

[15] WATSON J B. Behaviorism[M]. [s.l.]：Read Books Ltd，2013.

[16] 胡锦山. 罗伯特·帕克与美国城市移民同化问题研究[J]. 求是学刊，2008(01)：133-7.

[17] 李莹. "家文化"在东北电视叙事中的表征[D]. 长春：东北师范大学，2009.

[18] 许芳. 我想有个家：当代中国电视剧中的城市家园空间初探[D]. 长春：华东师范大学，2012.

[19] LASH S，FRIEDMAN J. Modernity and identity[M]. New Jersey：Blackwell Press，1992.

[20] LUDDEN D. Area studies in the age of globalization[J]. Frontiers：The Interdisciplinary Journal of Study Abroad，2000，6(1)：1-22.

[21] MCCARTHY A. Ambient television：visual culture and public space [M]. Durham：Duke University Press，2001.

[22] MORLEY D. Reconceptualising the media audience：towards an ethnography of audiences[A]. Birmingham：University of Birmingham，1974.

[23] 张明新，杨梅，周煜. 城市新移民的传播形态与社区归属感：以武汉市为例的经验研究[J]. 新闻与传播评论，2009(1)：82-94，259.

[24] DOUGLAS M. The idea of a home：a kind of space[J]. Social Research，1991：287-307.

[25] WU K-M. The other is my hell；the other is my home[J]. Human Studies，1993，16(1)：193-202.

[26] SOMERVILLE P. The social construction of home[J]. Journal of

Rrchitectural and Planning Research, 1997(3): 226-245.

[27] PEPLAU L A, MICELI M, MORASCH B. Loneliness and self-evaluation [J]. Loneliness: A Sourcebook of Current Theory, Research and Therapy, 1982(4): 135-151.

[28] HORTON D, RICHARD WOHL R. Mass communication and para-social interaction: observations on intimacy at a distance [J]. Psychiatry, 1956, 19(3): 215-229.

[29] PAPACHARISSI Z, RUBIN A M. Predictors of Internet use [J]. Journal of Broadcasting & Electronic Media, 2000, 44(2): 175-196.

[30] KATZ E, BLUMLER J G. The uses of mass communications: current perspectives on gratifications research[M]. New York: Sage Publications, 1974.

[31] BERELSON B. The state of communication research [J]. Public Opinion Quarterly, 1959, 23(1): 1-2.

[32] DIDDI A, LAROSE R. Getting hooked on news: uses and gratifications and the formation of news habits among college students in an Internet environment[J]. Journal of Broadcasting & Electronic Media, 2006, 50(2): 193-210.

[33] SCHÜTZ A. Studies in phenomenological philosophy [M]. Den Haag: Nijhoff, 1966: 23-46.

[34] MCKENNA K Y, GREEN A S, GLEASON M E. Relationship formation on the Internet: what's the big attraction? [J]. Journal of social issues, 2002, 58(1): 9-31.

[35] PERSE E M, RUBIN A M. Chronic loneliness and television use[J]. Journal of Broadcasting & Electronic Media, 1990, 34(1): 37-53.

[36] BUFFARDI L E, CAMPBELL W K. Narcissism and social networking web sites[J]. Personality and Social Psychology Bulletin, 2008, 34(10): 1303-1314.

[37] CAPLAN S E. Preference for online social interaction: a theory of problematic Internet use and psychosocial well-being [J]. Communication Research, 2003, 30(6): 625-648.

[38] RAMACHANDRAN P V, SRIVASTAVA A, HAZRA D. Total synthesis of potential antitumor[J]. Organic Letters, 2007, 9(1):

157-160.

[39] ZILLMANN D, BRYANT J. Affect, mood, and emotion as determinants of selective exposure [J]. Selective Exposure to Communication, 1985(2): 157-190.

[40] RHINES P B, YOUNG W R. A theory of wind-driven circulation: mid-ocean gyres[J]. Journal of marine Research, 1982, 40: 559-596.

[41] MEADOWCROFT J M, ZILLMANN D. Women's comedy preferences during the menstrual cycle[J]. Communication Research, 1987, 14(2): 204-218.

[42] HU M. Will online chat help alleviate mood loneliness? [J]. CyberPsychology & Behavior, 2009, 12(2): 219-223.

[43] MARANGONI C, ICKES W. Loneliness: a theoretical review with implications for measurement[J]. Journal of Social and Personal Relationships, 1989, 6(1): 93-128.

[44] TSAI F F, REIS H T. Perceptions by and of lonely people in social networks[J]. Personal Relationships, 2009, 16(2): 221-238.

[45] SPITZBERG B H. Issues in the development of a theory of interpersonal competence in the intercultural context[J]. International Journal of Intercultural Relations, 1989, 13(3): 241-268.

[46] CACIOPPO J T, HUGHES M E, WAITE L J, et al. Loneliness as a specific risk factor for depressive symptoms: cross-sectional and longitudinal analyses[J]. Psychology and Aging, 2006, 21(1): 140.

[47] KRAUT R, PATTERSON M, LUNDMARK V, et al. Internet paradox: a social technology that reduces social involvement and psychological well-being? [J]. American Psychologist, 1998, 53 (9): 1017.

[48] ZYWICA J, DANOWSKI J. The faces of Facebookers: investigating social enhancement and social compensation hypotheses; predicting Facebook and offline popularity from sociability and self-esteem, and mapping the meanings of popularity with semantic networks [J]. Journal of Computer-Mediated Communication, 2008, 14(1): 1-34.

[49] RYAN T, XENOS S. Who uses Facebook? An investigation into the relationship between the Big Five, shyness, narcissism, loneliness,

and Facebook usage[J]. Computers in Human Behavior, 2011, 27(5): 1658-1664.

[50] ELLISON N B. Social network sites: definition, history, and scholarship[J]. Journal of Computer-Mediated Communication, 2007, 13(1): 210-230.

[51] VALKENBURG P M, PETER J. Preadolescents' and adolescents' online communication and their closeness to friends[J]. Developmental Psychology, 2007, 43(2): 267.

[52] VISSER M, ANTHEUNIS M L, SCHOUTEN A P. Online communication and social well-being: how playing World of Warcraft affects players' social competence and loneliness[J]. Journal of Applied Social Psychology, 2013, 43(7): 1508-1517.

[53] 吴飞. 传播学研究的自主性反思[J]. 浙江大学学报(人文社会科学版), 2009(02): 121-128.

[54] 黄光国. 知识与行动[M]. 台北: 心理出版社, 1995.

[55] PARK R E. The city: suggestions for the investigation of human behavior in the city environment[J]. The American Journal of Sociology, 1915, 20(5): 577-612.

[56] 张桂金, 张东, 周文. 多代流动效应: 来自中国的证据[J]. 社会, 2016, 36(3): 216-240.

[57] BOWMAN C C. Loneliness and social change[J]. American Journal of Psychiatry, 1955, 112(3): 194-198.

[58] QUAN-HAASE A, COTHREL J, WELLMAN B. Instant messaging for collaboration: a case study of a high-tech firm[J]. Journal of Computer-Mediated Communication, 2005, 10(4): 01-13.

[59] BULLARD R, JOHNSON G S, TORRES A O. Sprawl city: race, politics, and planning in Atlanta[M]. Washington: Island Press, 2000.

[60] RIESMAN D, GLAZER N, DENNEY R. The lonely crowd[M]. New Haven: Yale University Press, 2001.

[61] LEUNG L. Loneliness, social support, and preference for online social interaction: the mediating effects of identity experimentation online among children and adolescents[J]. Chinese Journal of

Communication, 2011, 4(4): 381-399.

[62] TURKLE S. Life on the screen[M]. New York: Simon and Schuster, 2011.

[63] FLANDERS J P. Practical psychology[M]. London: Harper Collins Publishers, 1976.

[64] BOASE J. Personal networks and the personal communication system: using multiple media to connect [J]. Information, Communication &Society, 2008, 11(4): 490-508.

[65] VERGEER M, PELZER B. Consequences of media and Internet use for offline and online network capital and well-being. A causal model approach[J]. Journal of Computer-Mediated Communication, 2009, 15(1): 189-210.

[66] WANG H, CHUA V, STEFANONE M A. Social ties, communication channels, and personal well-being: a study of the networked lives of college students in Singapore [J]. American Behavioral Scientist, 2015, 59(9): 1189-1202.

[67] TSENG S-F, HSIEH Y P. The implications of networked individualism for social participation: how mobile phone, E-mail, and IM networks afford social participation for rural residents in Taiwan [J]. American Behavioral Scientist, 2015, 59(9): 1157-1172.

[68] WALTHER J B, D'ADDARIO K P. The impacts of emoticons on message interpretation in computer-mediated communication [J]. Social Science Computer Review, 2001, 19(3): 324-347.

[69] TIDWELL L C, WALTHER J B. Computer-mediated communication effects on disclosure, impressions, and interpersonal evaluations: getting to know one another a bit at a time [J]. Human Communication Research, 2002, 28(3): 317-348.

[70] LAMPE C, ELLISON N, STEINFIELD C. A Face (book) in the crowd: social searching vs. social browsing [C].//SMART Technologies Inc. proceedings of the 2006 20th anniversary conference on Computer supported cooperative work[C]. New York: ACM, 2006.

[71] KANG H-S, YANG H-D. The visual characteristics of avatars in

computer-mediated communication: comparison of Internet relay chat and instant messenger as of 2003[J]. International Journal of Human-Computer Studies, 2006, 64(12): 1173-1183.

[72] ANDERSON B, TRACEY K. Digital living: the impact (or otherwise) of the Internet on everyday life[J]. American Behavioral Scientist, 2001, 45(3): 456-475.

[73] VALENTE T W. Social networks and health: models, methods, and applications [M]. New York: Oxford, 2010.

[74] BAUMEISTER R F, LEARY M R. The need to belong: desire for interpersonal attachments as a fundamental human motivation[J]. Psychological Bulletin, 1995, 117(3): 497.

[75] RAHN W M, TRANSUE J E. Social trust and value change: the decline of social capital in American youth, 1976—1995[J]. Political Psychology, 1998, 19(3): 545-565.

[76] CUMMINGS J, LEE J, KRAUT R. Communication technology and friendship during the transition from high school to college [J]. Computers, Phones, and the Internet: Domesticating Information Technology, 2006(13): 809-851.

[77] MAHAPATRA P. Social networking: a quantitative research report into impact, attitudes, behaviours and use[J]. International Journal of computer sciences and information technology, 2012, 3 (4): 4883-4886.

[78] TONG S T, VAN DER HEIDE B, LANGWELL L, et al. Too much of a good thing? The relationship between number of friends and interpersonal impressions on Facebook [J]. Journal of Computer-Mediated Communication, 2008, 13(3): 531-549.

[79] 吴飞. 社会传播网络分析:传播学研究的新进路[J]. 中国人民大学学报, 2007 (4): 106-113.

[80] ROSS C. All forms of CMC are not created equally: social capital in Facebook, instant messaging and online gaming[D]. Ontario: The University of Windsor, 2010.

[81] LIN N. Building a network theory of social capital[J]. Connections, 1999, 22(1): 28-51.

[82] DYKSTRA P A, VAN TILBURG T G, DE JONG GIERVELD J. Changes in older adult loneliness results from a seven-year longitudinal study[J]. Research on Aging, 2005, 27(6): 725-747.

[83] LAROSE S, GUAY F, BOIVIN M. Attachment, social support, and loneliness in young adulthood: a test of two models[J]. Personality and Social Psychology Bulletin, 2002, 28(5): 684-693.

[84] CAPLAN S E. Relations among loneliness, social anxiety, and problematic Internet use[J]. CyberPsychology & Behavior, 2006, 10 (2): 234-242.

[85] COLEMAN J S. Social capital in the creation of human capital[J]. American Journal of Sociology, 1988, 94: 95-120.

[86] VAN DEN EIJNDEN R, VERMULST A. Online communicatie, compulsief internetgebruik en het psychosociale welbevinden van jongeren [M]. Amsterdam: Boom, 2006.

[87] WELLMAN B. The network is personal: introduction to a special issue of social networks [J]. Social Networks, 2007, 29(3): 349-356.

[88] BOURDIEU P. The forms of capital [J]. Cultural Theory: an Anthology, 2011(4): 81-93.

[89] SWAIN N. Social capital and its uses [J]. European Journal of Sociology, 2003, 44(2): 185-212.

[90] PUTNAM R D. Tuning in, tuning out: the strange disappearance of social capital in America[J]. Political Science & Politics, 1995, 28 (4): 664-683.

[91] PUTNAM R D. Bowling alone: the collapse and revival of American community [M]. New York: Simon and Schuster, 2001.

[92] WELLMAN B, HAASE A Q, WITTE J, et al. Does the Internet increase, decrease, or supplement social capital? Social networks, participation, and community commitment[J]. American Behavioral Scientist, 2001, 45(3): 436-455.

[93] SHAH D V, MCLEOD J M, YOON S-H. Communication, context, and community an exploration of print, broadcast, and internet influences[J]. Communication Research, 2001, 28(4): 464-506.

[94] STOLLE D. Bowling together, bowling alone: the development of

generalized trust in voluntary associations[J]. Political Psychology, 1998, 19(3): 497-525.

[95] GRANOVETTER M. The strength of weak ties: a network theory revisited [J]. Sociological Theory, 1983(1): 201-233.

[96] WILLIAMS D. On and off the Net: scales for social capital in an online era[J]. Journal of Computer-Mediated Communication, 2006, 11(2): 593-628.

[97] HEINRICH L M, GULLONE E. The clinical significance of loneliness: a literature review[J]. Clinical Psychology Review, 2006, 26(6): 695-718.

[98] LICOPPE C, SMOREDA Z. Are social networks technologically embedded? How networks are changing today with changes in communication technology [J]. Social Networks, 2005, 27 (4): 317-335.

[99] SARASON B R, DUCK S E. Personal relationships: implications for clinical and community psychology [M]. New Jersey: Wiley & Sons Ltd, 2000.

[100] JORDAN A. The role of media in children's development: an ecological perspective[J]. Journal of Developmental & Behavioral Pediatrics, 2004, 25(3): 196-206.

[101] BRONFENBRENNER U. Toward an experimental ecology of human development[J]. American Psychologist, 1977, 32(7): 513.

[102] KAWACHI I, SUBRAMANIAN S V, KIM D. Social capital and health[M]. Berlin: Springer, 2008.

[103] GRANOVETTER M. Getting a job: a study of contacts and careers [M]. Chicago: University of Chicago Press, 1995.

[104] MIROWSKY J, ROSS C E. Education, social status, and health [M]. New Jersey: Transaction Publishers, 2003.

[105] SONG L. Social capital and psychological distress[J]. Journal of Health and Social Behavior, 2011, 52(4): 478-492.

[106] CHIPUER H M. Dyadic attachments and community connectedness: links with youths' loneliness experiences[J]. Journal of Community Psychology, 2001, 29(4): 429-446.

[107] WELLMAN B. The place of kinfolk in personal community networks[J]. Marriage & Family Review, 1990, 15(1/2): 195-228.

[108] WELLMAN B. Domestic affairs and network relations[J]. Journal of Social and Personal Relationships, 1992, 9(3): 385-409.

[109] FISCHER C S. To dwell among friends: personal networks in town and city [M]. Chicago: University of Chicago Press, 1982.

[110] WELLMAN B, FRANK K. Network capital in a multilevel world: getting support from personal communities [J]. Social Capital: Theory and Research, 2001(7): 233-273.

[111] WELLMAN B, GULIA M. The network basis of social support: a network is more than the sum of its ties[M]. Colorado: Westview Press,, 1999.

[112] WELLMAN B, QUAN-HAASE A, BOASE J, et al. The social affordances of the Internet for networked individualism[J]. Journal of Computer-Mediated Communication, 2003, 8(3): 1-4.

[113] GIBSON J. The theory of affordances, in "Perceiving, Acting and Knowing"[M]. New Jersey: Erlbaum, 1977.

[114] GIBSON J J. The ecological approach to visual perception: classic edition [M]. London: Psychology Press, 2014.

[115] BOASE J, WELLMAN B. Personal relationships: on and off the Internet[J]. The Cambridge Handbook of Personal Relationships, 2006(2): 709-723.

[116] HAMPTON K, WELLMAN B. Neighboring in Netville: how the Internet supports community and social capital in a wired suburb[J]. City & Community, 2003, 2(4): 277-311.

[117] KOBAYASHI T, BOASE J. Tele-cocooning: mobile texting and social scope [J]. Journal of Computer-Mediated Communication, 2014, 19(3): 681-694.

[118] RAINIE L, WELLMAN B. Networked: the new social operating system[M]. Cambridge: MIT Press, 2012.

[119] FISCHER C S. America calling: a social history of the telephone to 1940[M]. Berkeley: University of California Press, 1994.

[120] REID F J, REID D J. The expressive and conversational affordances

of mobile messaging [J]. Behaviour & Information Technology, 2010, 29(1): 3-22.

[121] LEE S, TAM C L, CHIE Q T. Mobile phone usage preferences: the contributing factors of personality, social anxiety and loneliness [J]. Social Indicators Research, 2014, 118(3): 1205-1228.

[122] KRAUT R, KIESLER S, BONEVA B, et al. Internet paradox revisited [J]. Journal of Social Issues, 2002, 58(1): 49-74.

[123] VAN DER MEIJDEN H, VEENMAN S. Face-to-face versus computer-mediated communication in a primary school setting [J]. Computers in Human Behavior, 2005, 21(5): 831-859.

[124] PETER J, VALKENBURG P M, SCHOUTEN A P. Developing a model of adolescent friendship formation on the Internet [J]. CyberPsychology & Behavior, 2005, 8(5): 423-430.

[125] BURGOON J K, BONITO J A, RAMIREZ A, et al. Testing the interactivity principle: effects of mediation, propinquity, and verbal and nonverbal modalities in interpersonal interaction[J]. Journal of Communication, 2002, 52(3): 657-677.

[126] LEWIS C, FABOS B. Instant messaging, literacies, and social identities[J]. Reading Research Quarterly, 2005, 40(4): 470-501.

[127] TAFFEL R. Breaking through to teens: a new psychotherapy for the new adolescence[M]. New York: Guilford Press, 2005.

[128] MOODY E J. Internet use and its relationship to loneliness [J]. Cyber Psychology & Behavior, 2001, 4(3): 393-401.

[129] KATZ E, LAZARSFELD P F. Personal influence, the part played by people in the flow of mass communications[M]. New Jersey: Transaction Publishers, 1955.

[130] LENHART A, ARAFEH S, SMITH A. Writing, technology and teens [J]. Pew Internet & American Life Project, 2008(4): 83.

[131] Gsponer A, Hurni J P. The strength of Internet ties [J]. Pew Internet & American Life Project, 2006, 253(1/2): 52.

[132] WELLMAN B. Domestic work, paid work and network [M]. Toronto: Centre for Urban and Community Studies, University of Toronto, 1984.

[133] MCPHERSON M，SMITH-LOVIN L，BRASHEARS M E. Social isolation in America：changes in core discussion networks over two decades [J]. American Sociological Review，2006，71(3)：353-375.

[134] KREIJNS K，KIRSCHNER P A，JOCHEMS W. The sociability of computer-supported collaborative learning environments [J]. Educational Technology & Society，2002，5(1)：8-22.

[135] VALKENBURG P M，PETER J. Internet communication and its relation to well-being：identifying some underlying mechanisms[J]. Media Psychology，2007，9(1)：43-58.

[136] WRIGHT K. Computer-mediated social support，older adults，and coping[J]. Journal of Communication，2000，50(3)：100-118.

[137] 吴尔敦. 拯救传播 [M]. 北京:中国传媒大学出版社，2012.

[138] 克里希那穆提. 生命之书 [M]. 胡因梦,译.南京:译林出版社，2012.

[139] MARIN A. Are respondents more likely to list alters with certain characteristics? Implications for name generator data [J]. Social Networks，2004，26(4)：289-307.

[140] MARIN A，HAMPTON K N. Simplifying the personal network name generator alternatives to traditional multiple and single name generators[J]. Field Methods，2007，19(2)：163-193.

[141] MCCARTY C，KILLWORTH P D，BERNARD H R，et al. Comparing two methods for estimating network size[J]. Human Organization，2001，60(1)：28-39.

[142] 吴飞. 火塘·教堂·电视:一个少数民族社区的社会传播网络研究 [M]. 北京:光明日报出版社，2008.

附　录

一　关于移动互联媒体使用与社会关系情况的调查问卷

您好,这是一份有关移动互联使用的问卷,请认真回答,非常感谢!

一、基本信息

1.您的性别是＿＿＿＿＿＿

2.您的年龄是＿＿＿＿＿＿

3.您的职业是＿＿＿＿＿＿

4.您的教育程度是＿＿＿＿＿＿

5.您的家庭月收入是＿＿＿＿＿＿

6.您的居住地区是＿＿＿＿＿＿

7.您的家庭户口类型是＿＿＿＿＿＿

8.您父亲的学历是＿＿＿＿＿＿

9.您母亲的学历是＿＿＿＿＿＿

二、媒介使用与社会关系

请回忆上周您的媒介使用情况(备注:如果上周为考试周或有特殊原因而干扰正常媒介使用行为的,请回忆考试周之前那一周的媒介使用情况)。

1.您上周用于使用下述媒介的时间为多久?(单位为小时,其他时间单

位请换算为小时，如 30 分钟可换算为 0.5 小时)

用于看电视的时间为 ————

使用手机、电脑看各类视频、动漫、小说的时间为 ————

使用手机、电脑玩游戏(包括单机与在线游戏)的时间为 ————

使用手机、电脑浏览娱乐性网页的时间为 ————

浏览资讯性网页(以新闻、信息资讯为主，如新闻网)的时间为 ————

浏览购物性网页(出于日常实际生活需要，如购物网)的时间为

————

使用陌生人聊天工具(如陌陌、陌路人等和陌生人交往的软件)的时间
为

————

在游戏中与其他游戏玩家交流的时间为 ————

2. 请就下面题目进行评分，1～5 分别代表：1 非常不同意，2 比较不同
意，3 中立，4 比较同意，5 非常同意。[矩阵量表题][必答题]

题设	1	2	3	4	5
1.我周围有很多可以帮助我的人	○	○	○	○	○
2.我从其他人那里获得足够多的帮助与支持	○	○	○	○	○
3.当我需要的时候，我能找到可以依靠的人	○	○	○	○	○
4.我认识很多我可以彻底依靠的人	○	○	○	○	○

3. 请就下面题目进行评分，1～5 分别代表：1 非常不同意，2 比较不同
意，3 中立，4 比较同意，5 非常同意。[矩阵量表题][必答题]

题设	1	2	3	4	5
1.周围的很多人都像是陌生人	○	○	○	○	○
2.我对自己的社交圈子并不满意	○	○	○	○	○
3.我身边有好友能理解我的观点与想法	○	○	○	○	○
4.很久我都没有感觉有和自己关系亲密的人了	○	○	○	○	○
5.我有能给我鼓励与支持的恋人	○	○	○	○	○
6.我有自己归属的朋友圈子	○	○	○	○	○
7.当我需要人陪伴的时候，我能找到可以依靠的人	○	○	○	○	○

续表

题设	1	2	3	4	5
8.我缺少一种能让我感到自己被理解的社会关系	○	○	○	○	○
9.我对某些人的情绪健康而言很重要	○	○	○	○	○
10.我没有爱情、恋爱关系	○	○	○	○	○

4. 请就下面题目进行评分,1~5分别代表:1 非常不同意,2 比较不同意,3 中立,4 比较同意,5 非常同意。[矩阵量表题][必答题]

题设	1	2	3	4	5
1.我觉得自己的朋友比别人的少	○	○	○	○	○
2.我感觉在自己和别人之间有种疏离感	○	○	○	○	○
3. 我感觉自己被同学所排斥	○	○	○	○	○
4.对我来说,交朋友是件挺难的事情	○	○	○	○	○
5.在学校的时候我感到孤单	○	○	○	○	○
6.我觉得没有一个好友能让我和他交流全部的信息	○	○	○	○	○
7.我感觉自己被朋友离弃、忽略了	○	○	○	○	○
8.我感到难过,因为没有人愿意和我交往,没有朋友	○	○	○	○	○
9.我感觉父母会忽略我的存在	○	○	○	○	○
10.我觉得很难和父母交流	○	○	○	○	○
11.我怀疑父母是否真的爱我	○	○	○	○	○

5. 请就下面题目进行评分,1~5分别代表:1 一直如此,2 经常如此,3 一般如此,4 偶尔如此,5 绝非如此。[矩阵量表题][必答题]

题设	1	2	3	4	5
1.没有人跟我说话	○	○	○	○	○
2.我很难交朋友	○	○	○	○	○
3.我感到寂寞	○	○	○	○	○

续表

题设	1	2	3	4	5
4.很难让别人喜欢我	○	○	○	○	○
5.没有人跟我一块玩	○	○	○	○	○
6.我觉得在有些活动中受冷落	○	○	○	○	○
7.需要帮助时我无人可找	○	○	○	○	○
8.我不能跟别人相处	○	○	○	○	○
9.我孤独	○	○	○	○	○
10.我没有任何朋友	○	○	○	○	○

6. 请就下面题目进行评分,1～5分别代表:1从不,2很少,3有时,4经常,5一直。[矩阵量表题][必答题]

题设	1	2	3	4	5
1.我缺少伙伴	○	○	○	○	○
2.在我需要帮助时,没有人帮助我	○	○	○	○	○
3.我是个外向的人	○	○	○	○	○
4.我感到被人冷落	○	○	○	○	○
5.我感到自己与别人隔离了起来	○	○	○	○	○
6.当我需要伙伴时,我可以找到伙伴	○	○	○	○	○
7.我对自己如此地不善交际感到不快	○	○	○	○	○
8.周围有很多人但他们并不关心我	○	○	○	○	○

三、各媒介载体中的人际交往情况

我们用不同的媒介与人进行交往,请您就使用各媒介时,对方关系的类型、亲密程度进行回答。

例如,我最近一周通过手机联系的同事或同学的人数为20人,其中,十分亲密的为16人,较为亲密的为2人。那么,在手机媒介所对应的同事同学关系部分,分别填入20、16、2。

1. 最近一周,基于面对面的人际关系如下。[表格文本题][必答题]

类型	总人数	十分亲密的人数	较为亲密的人数
家人或亲属关系			
朋友关系			
同事、同学关系			

2. 最近一周,基于移动网络(手机电话或短信)交往的人际关系如下。[表格文本题][必答题]

类型	总人数	十分亲密的人数	较为亲密的人数
家人或亲属关系			
朋友关系			
同事、同学关系			

3. 最近一周,基于互联网(电子邮件或 Skype 视频通信等)交往的人际关系如下。[表格文本题][必答题]

类型	总人数	十分亲密的人数	较为亲密的人数
家人或亲属关系			
朋友关系			
同事、同学关系			

4. 最近一周,基于即时通信工具(如 QQ、微信等以点对点交流为主的交流工具)交往的人际关系如下。[表格文本题][必答题]

类型	总人数	十分亲密的人数	较为亲密的人数
家人或亲属关系			
朋友关系			
同事、同学关系			

5. 最近一周,基于社交软件(如微博、QQ 空间、微信空间等以点对面自我呈现为主的交流工具)交往的人际关系如下。[表格文本题][必答题]

类型	总人数	十分亲密的人数	较为亲密的人数
家人或亲属关系			
朋友关系			
同事、同学关系			

6. 最近一周,基于网络游戏(如玩魔兽世界或其他网络、手机在线游戏时你与其他人的交流)交往的人际关系如下。[表格文本题][必答题]

类型	总人数	十分亲密的人数	较为亲密的人数
家人或亲属关系			
朋友关系			
同事、同学关系			

二　交叉滞后分析：自我传播网络与 UCLA 孤独

由于研究时间与设计的局限，交叉滞后这一部分实施的不算理想，于此处仅就自我传播网络使用与 UCLA 孤独之间的交叉滞后分析进行汇报。

截面部分的研究假设虽然得到了验证，但是，如果想获得可靠的因果推论，尚需就传播网络中的社会关系数量与孤独感之间的关系进行历时性分析。因此，在本研究中加入了交叉滞后设计，出于便利抽样的考虑，研究针对一定数量的大学生展开跟踪研究，从而更为准确地把握两者之间的动态联系。

1. 对象

为了保障追踪研究的质量，在抽样上采取了便利抽样的原则。在江苏省扬州市以及浙江省宁波市的两个高校抽取了一定数量的学生参与统一的问卷调查，第一次调查的时间为 2016 年 1 月上旬，第二次调查的时间为 2016 年 3 月下旬，前后间隔近 3 个月，得到两次均有效的问卷 286 份。

2. 测度工具

UCLA 孤独量表。首次测量的信度值为 0.82，第二次测量的信度值为 0.84。

3. 研究程序与数据处理

研究人员事先进行培训，拟定详细的调查方案后，用网络问卷的方式进行调查。两次测试程序完全一致。为了提高学生的积极性，两次问卷均认真填写的学生将获得奖品。采用 SPSS22.0 统计软件包对回收的问卷进行数据录入与分析，采用的方法主要是独立样本 t 检验、线性相关分析、回归分析。

4. 传播网络中的社会关系与 UCLA 孤独的相关分析

根据两次调查获得的数据，对五种不同传播渠道中的社会关系数与大学生的 UCLA 孤独量表总均分进行线性相关分析。根据分析结果，唯有面对面交往中的社会关系与大学生两个时间点的 UCLA 孤独有显著相关性。

以第二次调查的 UCLA 孤独量表总分作为分组指标，抽取最高和最低各 27% 的被试分别组成高 UCLA 孤独组和低 UCLA 孤独组，对其不同传播网络中的社会关系进行独立样本 t 检验。

由下表可以看出，只有面对面交往中的社会关系，在 UCLA 孤独的高分组与低分组存在较为显著的差异($t=-1.756$,$P<0.10$)。

UCLA 孤独得分不同的大学生传播网络关系比较

传播网络中的社会关系	低 UCLA 孤独组 N=84		高 UCLA 孤独组 N=99		t	P
	均值	标准差	均值	标准差		
面对面联系人数	1.86	0.89	2.08	1.01	-1.576	0.10
移动网络联系人数	1.74	0.85	1.74	0.96	-0.006	1.00
社会网络联系人数	1.53	2.91	1.42	1.11	0.317	0.75
即时通信联系人数	2.46	1.84	2.16	1.55	1.163	0.25
网络媒介联系人数	1.16	1.49	1.25	1.22	-0.412	0.68

传播网络中的社会关系与 UCLA 孤独的相关分析

	面对面联系人数	社会网络联系人数	即时通信联系人数	移动网络联系人数	网络媒介联系人数
UCLA 孤独构面(时间 1)	0.167***	0.03	0.03	0.056	-0.06
UCLA 孤独构面(时间 2)	0.139**	-0.02	-0.05	0.021	0.016

备注:* $P<0.1$,** $P<0.05$,*** $P<0.01$,**** $P<0.001$。

在置信度(双尾)为 0.01 时,UCLA 孤独构面(时间 1)与 UCLA 孤独构面(时间 2)是显著相关的。

5. 大学生 UCLA 孤独与传播网络社会关系的交叉滞后分析

交叉滞后相关分析是基于在不同时间对两个变量进行重复测量的结果进行分析,以推测两者之间的因果关系,包括两个变量必须有同时性的相关这个潜在的前提。根据上表,部分传播网络中的社会关系与孤独感的相关不满足这一前提,故不考虑将它们纳入交叉滞后相关分析中,只考察面对面交往中的社会关系与 UCLA 孤独之间的关系。

以两次调查所得到的面对面交往中的社会关系与 UCLA 孤独得分作为分析指标,分析的结果可以采用下图来描述。在该图中,双向的箭头表示相关分析结果,其中的数据是相关系数,而其中的单向箭头则表示采用二元回归的方法(即 Enter 法)得到的回归分析结果。

据图,前后测 UCLA 孤独得分之间的相关为系数 0.394($P<0.01$),面对面交流人数之间的相关系数为 0.310($P<0.001$);前测 UCLA 孤独与面对面交流人数之间的相关系数为 0.167($P<0.1$),后测 UCLA 孤独与面对

面交流人数之间的相关系数为 0.139（$P<0.1$），同步相关一致，符合交叉滞后分析的基本假设。

经由回归分析：

当以大学生的面对面交往人数以及 UCLA 孤独为自变量，预测 3 个月后的 UCLA 孤独得分，在控制 UCLA 孤独（前测）的作用后，面对面交往人数有很好的预测作用（$\beta=-0.073$，$P<0.1$），而以大学生的面对面交往人数以及 UCLA 孤独为自变量，预测 3 个月后的面对面交往人数，在控制面对面交往人数（前测）的作用后，UCLA 孤独并没有很好的预测作用（$\beta=-0.002$，$P>0.05$）。

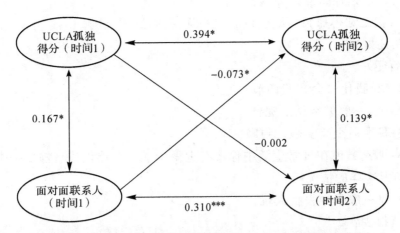

大学生 UCLA 孤独感与传播网络社会关系的交叉滞后分析
（注：$^*P<0.1$，$^{**}P<0.05$，$^{***}P<0.01$，$^{****}P<0.001$）

三　深度访谈记录与整理（摘选）

深度访谈记录一

A：前阵子有篇文章讲孤独感，我们有十二种孤独感，有可能是老无所依，还有就是现代人在社会中觉得没有人能跟他聊天，然后觉得少了伴侣，在生活中你有没有这种体验呢？

B：你说是什么样的体验？

A：就是觉得孤独、孤立、没有人跟你说话，这样子的。

B：还好啦。

A：还好？

B：嗯，我比较会自我调节。

A：哦，一般怎么调节呢？

B：我生活很充实啦。呵呵。

A：那比方说在日常生活中你没有觉得少了一个伴侣或者需要一个人跟你聊聊天这样的情况吗？

B：我一般很少去找人玩。

A：很少？

B：不多，不太会主动去找别人，就是比较宅啦。不太会主动去。

A：那一般你用什么方式呢，想休息或者消遣的时候？看电脑、玩游戏还是……？

B：都有。各种方便的娱乐休闲都会去玩。

A：那你觉得你跟身边的哪些人可能关系会比较好呢？我觉得关系包括父母啊，同学啊，朋友啊，你觉得哪些人对你来说比较重要？

B：父母啦，其实都很重要，要看你怎么衡量这个重要。

A：你觉得他们在你生活中扮演的角色有什么不同吗？比方说，在你需要帮助的时候，他们会提供给你什么不同的帮助吗？

B：肯定是不一样的帮助啦。

A：能讲得稍微具体点吗？

B：父母主要是生活上的帮助。

A：其实我讲的帮助，可能更多的是侧重于心理或者情感上的，当你觉得需要跟人聊天的时候……

B：倾诉对象？

A：对，倾诉对象。心理沟通之类。你觉得他们的作用会一样吗？

B：不一样啦，每个人的作用都不一样啦。如果想解决问题之类的，我肯定会找对我来说最重要的那个人。

A：你觉得当你觉得需要跟人沟通的时候，你觉得父母、好友、同事、同学他们起到的作用可能表现在哪些方面？

B：那肯定是生活上多一点。

A：所以你会跟父母有很多的沟通或者交流了？

B：那从小到大肯定是父母最多了。

A：那你跟我访谈的其他朋友谈的不一样，其实我之前访谈过的人都说，他们跟父母没有太多话可说。

B：那你要看这个时间了，如果，从小到大，肯定父母最多。

A：那对现在的你而言，离开父母他们……

B：我离开不是很远。

A：就是距离是比较近的？

B：嗯，我不会太想家这种，因为从来都没有离开过杭州。

A：哦，那就是离父母比较近的缘故了。那你跟父母沟通的时候，他们会给你很多跟朋友、同学不一样的东西，对吗？

B：肯定不一样的。嗯，家人嘛，最亲是家人嘛。

A：就是还是蛮不一样的，可能人跟人之间确实有很大差别，像我访谈过的那些人，父母对他们而言可能不是那么重要。那你觉得在你生活中，好友就是那些跟你比较亲密的人占多数吗？

B：这个多指的是哪个？亲密程度？

A：就是你能跟他们聊一些比较深入的话题之类的。

B：哪方面？

A：比方说能够交心的那种人。

B：有的。

A：所以说是很多还是？

B：那在总的范围内肯定是占少数的。不可能是大多数的。这个我可以肯定。

A：通过刚才我跟你的聊天，我能感觉在你的生活中其实还是能找到很多人跟你交流或者沟通的，所以能不能这么说，就像你所说的那样，你对孤独的体验并不像其他人那样深刻。

B：嗯。

A：因为很多人其实包括我自己，包括我访谈过的一些人，他们对孤独感可能有更细微更细致的一些体验。他们甚至能够说出哪块的关系比较欠缺，他们觉得那方面孤独感会强烈些。

B：我除了在女朋友方面会出现那种孤独感……

A：哦，好吧。

B：其他都没有觉得。

A：我发现有一点你跟我或者我访谈过的其他人不一样，就是你的朋友还是比较多的。

B：可能是因为从小就没有离开过这个城市吧。

A：就是圈子还是在这里了？

B：基本上是这样，生活圈基本上都这样，虽然家不在这里。

A：但是你的成长环境同样也是非常近的。

B：对的，我回去比较少，因为最近事情太多。

A：那你平时跟朋友或者是父母沟通一般使用什么交流工具呢？

B：媒介？

A：可以说媒介，包括面对面也是一种交流方式，会用哪类媒介多一点？

B：在学校里肯定电话多一点。

A：电话？

B：嗯。电话。

A：你跟父母会用 QQ 或者其他网络媒介联系吗？

B：不会，我们家很传统的，我都不怎么用 QQ 的。

A：哦。

B：如果放在 20 世纪 90 年代还行，现在我都不怎么用 QQ 了。

A：那你跟朋友聊天或者交流一般用什么样的手段？

B：手段？呵呵，能找到就叫出来，不能出来就打电话，通电话。

A：也会通电话？

B：通微信，通电话，一样嘛，现在。

A：我觉得微信语音条跟电话还是不怎么一样的。

B：我不太用那个微信。

A：哦，为什么呢？

B：毕竟你语音说出来要看环境嘛。有时候不方便，我室友在的话就会觉得不方便,就会打住。

A:那你在通电话时也会打扰到你室友,那不是一样吗?

B:还好啦,通电话就总是在说,微信那是一阵一阵的,所以一般微信都会打住。

A:所以其实,嗯,你一般会根据对方是谁选择适当的媒介?

B:肯定的。

A:比方说,你跟像这种关系比较差的就是短信这种?

B:要看对方常用什么。

A:由对方来定?

B:嗯,比方说你微信基本不用的,我就不会用微信跟你联系,你经常用什么跟我联系,我就用什么联系你。微信不怎么用,QQ 电脑会比较慢,最直接就是电话了,打个电话就是了。比较熟悉些的。

A:我看你微信朋友圈也发的比较频繁的。

B:朋友圈就是上上网啊。

A:你是想通过这个让大家知道你在干什么之类的吗?

B:它是社交啊。

A:那就说明除了你刚才说的杭州圈子之外,你在其他地方也有很多朋友了?

B:比较分散,东一个西一个。

A:那你说跟朋友见面,你把他们叫出来,你觉得把他们叫出来面对面交流,与用微信交流有什么不同?

B:更直接嘛,面对面更直接。

A:但是其实现在很多人,我看现在 00 后 90 后那些人更加喜欢用微信或者微博。

B:怎么说呢,微博就是看看啦,然后转发转发,很少发原创的。

A:所以对你来说把朋友叫出来面对面交流或者跟父母交流,肯定要比其他的方式更好些,虽然我们说现代人越来越依赖于各种媒介媒体或者手段。

B:肯定是面对面交流感情更好。

深度访谈记录二

A:今天跟你做个访谈,大致内容可能跟我们现代人的一些心理有关,包括一些与媒介使用相关的议题。那么,我们先随便聊吧。前阵子,有个人曾经写过一篇文章，叫作中国人的十二种孤独感，他讲到了很多不同类型的孤独，比方说老年人老无所依，或者对于现代人而言他们觉得时常找不到人跟他聊天、说话。你能不能大致聊一下，你有没有过这种体验？

B：老无所依就不知道了，自己还没有老。

A：你可以讲些你自己的感受或者体验。就是你想说话的时候找不到一个说话、聊天的对象。

B：聊天的对象？

A：对。你更多的感觉是少了一个倾听者呢，还是说只是觉得少了一个伴侣？

B：看需求吧，有时候觉得想说什么的时候，就少了个倾听者。有时候觉得一个人无聊的时候，就少了个做伴的。

A：那父母现在跟你是离得比较远对吗？你会觉得，因为父母跟你距离比较远，然后非常想他们呢？

B：有时候会吧。

A：强烈吗？

B：需要一个刺激的点吧，才会忽然感受到很想念父母亲这样子，没有一个刺激点，日常生活不会触发这么深的感受。

A：那你觉得你跟朋友的关系怎么样呢，会不会因为朋友比较少，所以感觉到孤独？

B：可能有吧，但是我这个人就是朋友比较少的。我的朋友大学就一两个，研究生一个，高中也就一两个，初中一两个。总体来说我就是这样一个人，所以还比较习惯。

A：那你平时觉得孤独或者无聊的时候，你一般会找哪些人跟你聊天或者交流呢？

B：嗯，可能会找我的另一半，现在找的比较多的可能是研究生的那个同学，大学同学联系得少了，就是感觉关系远了吧。很多朋友不在国内，联系少了，就疏远了，所以有什么事情就这么一两个人吧。我朋友比较固定。

A：嗯，所以说你其实基本上觉得孤独或者需要找人聊天的时候，一般只会找两类人，一个是你的爱人，另外就是你的研究生同学？

B：对。

A：那你不会找你的父母进行沟通或者交流吗？

B：嗯，我不知道别人有没有这种感觉，我觉得到我这个年纪，有些事情跟父母无法沟通。说不定人家有文化的父母能沟通哦。但我觉得我跟我父母说了有些事情,他们也不会懂,就是没什么意义,无法得到帮助,觉得没有必要这样子。

A:那你觉得如果,我们假设如果你的爱人刚好在外面出差,你同学也不在你身边,那你会找一些同事,或者并不怎么亲密的人跟你交流吗?

B:如果是逛街可以找同事。但是如果就单纯想找个伴的话同事可能是可以的,但是如果想进一步跟他们进行内心想法的交流的话可能觉得不行。

A:对,同事不行。

B:那我还不如找书去呢。

A:嗯,书也是很好的伴侣,是吧。

B:对啊。

A:那比方说你的爱人、你的同学,你觉得他们在你感到需要沟通的时候,他们起到的作用会不一样吗,换句话说,他们给你提供了什么东西呢,让你觉得可能会不那么孤独?

B:就是可以聊得来,可以相互理解。聊得来,不是一句话说得好的,之所以是朋友,是因为相互都不知道一些问题,所以才是朋友嘛。

A:哦,相互理解具体指什么?

B:之所以是朋友是因为他们在碰到同样的问题的时候双方都不知道答案,所以我们可以相互探讨,相互八卦,这样子。

A:所以,其实你可能比较关心的是几个东西,其中一个就是聊天本身的过程,对吧?

B:嗯,对。

A:就是聊天本身的过程,就觉得自己不是一个人了,可能有人跟你在沟通、交往?

B:嗯,差不多。

A:那其实很多时候我们现代人经常不能找朋友面对面聊天,对吗?

B:对啊,我研究生同学又不在旁边,我老公也经常不在。

A:那你平时会选择什么方式或者媒介跟他们进行沟通或者交往呢?

B:打电话吧。

A:打电话?

B:嗯。

A:现在各种互联网络、媒介技术那么发达,为什么还是使用电话,我想你的电话指的应该是手机电话,对吗?

B:嗯,手机电话。

A:那你为什么不用其他的方法呢？比方说,微信语音条,也挺好的。

B:嗯,微信要等一下对方才回复,我跟研究生同学偶尔会用微信吧,但是电话有一种即时感、现场感,比较生动,微信虽然是用网络不用钱,就是总要等对方回复吧。

A:但是我觉得现代很多人还是喜欢微信语音条。

B:嗯,但是我跟他们聊天的时候,比较喜欢打电话。跟同事的沟通,我可以接受微信。

A:所以我能不能这样理解,你还是根据你联系的那个人来选择交流的媒介或者工具?

B:对。

A:比方说,你觉得对方如果跟你关系比较好然后跟你关系比较亲密的话,你可能就会选择用电话,它可能本身更具即时性一些。

B:对啊,更加具有互动性一些。

A:但是对方只是一般的同事或者同学的话,你可能就觉得,因为没有必要进行深入的沟通,所以觉得微信语音条也可以接受。

B:对。

深度访谈记录三

A:你觉得孤独是什么呢？我首先说一下哦,我们这里说的孤独不是人的性格本质上的孤独,是跟人交往上的孤独。对你来说,孤独是什么呢？是哪个层面的？

B:其实对我来说,孤独的层面比较多吧,有时候可能是那种找不到人跟我聊天带来的孤独感,有时候可能是缺少一个能跟我持久互动、沟通的人带来的孤独感。所以,可能我对孤独的体验比较多,有多个维度吧。不太好说清楚。

A:这样子吗,我觉得归纳起来,就是缺乏互动、沟通、聊天的这样子一个对象。

B:嗯,也可以这样子说。

A:缺乏这样一个对象?

B:嗯,是的。

A:那你在孤独的时候一般会找什么人跟你沟通呢?

B:其实我一般会找另一半,然后找特别好的朋友。但是有时候觉得随着每个人生活轨迹变得不一样,能聊的话题也越来越少,有时候觉得好友可能在发生变化。

A：就是，你对朋友的要求比较高？

B：对，我觉得我抛出的话题，对方如果能够跟我有共同语言，我才会跟他继续聊下去。所以说像我现在这样，我现在 32 岁了，我身边的好友吧，逐渐都有了自己的事业，每个人的个性，都发生了变化。

A：你现在好友多吗？

B：我好友还是很多的。

A：来个范围，0～5、6～10、10 个以上。

B：6～10 个。

A：那是挺多的。

B：嗯，还是蛮多的。

A：那你的朋友是以前的同学，还是工作中认识的？还是上学的时候认识的？

B：其实都有。像大学时候认识的一个同学到现在还在交往，非常好的一个朋友，那个时候纯粹是觉得个性比较相投，然后现在也在聊一些关于人生的一些话题。毕竟到了咱们这个年纪了，可能很多时候家庭的不如意啊，工作的不如意、不称心，对未来的迷茫，可能都需要找一个人去交流、去倾诉，这个时候你可能有这样一个人，会比较重要。那也包括，比方说，在工作中认识的朋友，但侧重点不一样了，会聊一些工作中的事。不过，也不一定，可能随着友谊的加深，也会把生活中的一些事带到对话中来。

A：你之所以找他们聊天，是因为他们会倾听？

B：对，其实我觉得每个人内心深处都有一些想对别人说的话，这些话必须要有人跟你分享。

A：那你为什么找他们不找别人呢？

B：我始终觉得人跟人之间有一种心灵上的共鸣吧。

A：也就是人和人保持交流、沟通，成为好友，是有些共通、共鸣的地方，否则无法进行很好的一个交流，对吗？

B：对。

A：你会跟你的父母去聊天吗？

B：我跟我父母也会聊，但在这过程当中，更多的是我会给予他们慰藉，而不是他们给我慰藉。因为父母毕竟年纪大了，像我妈妈一个人生活在宁波，常跟我说她非常孤独，然后我就会跟她讲一些我生活上的一些事情，这个时候，并不是说我希望她给我带来什么，而是告诉她一些我的近况，让她知道其实她并不是一个人。

A:所以说你跟你父母的聊天主要是想帮助他们排解孤独感?

B:可以这么说。我不可能在我低落、非常无助的时候跟父母聊天,因为我父亲走的早,然后我妈妈一个人过。我妈妈不是一个非常坚强的人,所以我不可能跟她去讲很多我内心深处那些很痛苦的事情。

A:那你一般以什么样的方式进行沟通? 面对面,还是现代社会各种各样的通信工具?

B:其实,我觉得面对面肯定是最好的。比如说,跟好友交流,有杯酒,聊聊天,那肯定比单独打电话好很多吧。

A:可以这么讲吗,跟现代的各种通信工具相比,如果可以的话你更喜欢面对面的交流,是吗?

B:大致上是这样的,不过我觉得现代的通信工具还是给我们提供了很多便利。

后　记

卢梭在《孤独漫步者的遐想》一书中，写道："陷入众叛亲离之后的自己，彻底孤独了。和写《忏悔录》时候的自己相比，我终于可以不用顾及他人是否愿意将其流传下去而一再修改我要写的内容。我将写一本关于自己，关于生命的书。"

从博士论文到这本书，我的体验和卢梭很相似。写博士论文的时候，更多考虑到自己的研究方法是否严谨、科学，答辩是否可以通过，战战兢兢，如履薄冰，却搁置了一个判断：这本博士论文是不是关于我的，对自己而言，研究究竟有何意义？

博士毕业进入高校一年，我感觉需要和自己展开一次对话。卢梭的方式是田间漫步，我的方式是独自徒步。徒步在布恩山（Poonhill）环线上，和四名队友走着，和他们保持着一段距离，就这样走着，我在追问一个问题：我是谁，我所做的一切又是为了什么？徒步过程中，和自己的对话并不容易，断断续续，山、水、他们，就这样走着。徒步的倒数第二天，是最艰难的一天，以下山为主，大长腿的我在下山的过程中天然具有劣势，很快被大家落下。这时候，一种感觉突然袭来，原来我们人生就是这样一个孤独的旅程，真正在经历这一切的只有自己，没有别人。我意识到，三十年的时间，我所纠结的两个问题：我是谁？这一切又是为了什么？问题的根源在于：我被除我之外的所有一切给绑架了。

人活这一辈子，能耐还在其次，有的成了面子，有的成了里子。我的前半辈子，只有面子，没有里子。这样的我，找不到人生的方向，我的迷茫是因为我找不到所有面子背后的里子，一切都是面子。我成就的是外功，不是内功。别人看到的是作为大学老师的我职业的光鲜,我获得了面子上的尊严,但我为什么要做科研,为什么要发论文,社会科学无法向自然科学那样改变世界,我的研究有什么意义,里子内部一片真空。别人看到的是我家庭的和睦,妻子温柔如水,女儿可爱灿烂,我获得了面子上的幸福感,但我是否真的幸福,家庭又是什么,夫妻的本质是什么,女儿对我而言又是什么,里子内部一片真空。朋友看到的是我绅士温暖,我获得了面子上的赞誉,但我凭什么要对你们好,你们凭什么不以同样的方式回报我,我对你们的好是不是只是由于我的虚伪,我对你们风度翩翩又有什么意义,里子里面一片真空。

人要研究的可以是外部世界,但人更需研究的是内部的世界。里子的一片真空,指明了我的彻底无知,这种无知不是字面上的无知,而是我在面对人生时,当我在扮演各种因天时、地利、人和而赋予我的角色时,当我在为了面子而活的日子时,对这所有一切的无知。

知无知是一切智慧的开端。我不知道自己是否有智慧,我只知道自己很较真。我较真于当我坦诚看着自己,和自己对话时,那种不安感,那种价值无处安放的感觉,那种无处是家的彷徨。该认真研究自己了,该认真研究我身边的人们和这个世界了,该认真思考人生了。我想要重估一切,打破为面子而活的自己脑海中的一切,我要洗脑,然后重建我眼中的世界。

感谢宁波社科院的支持,让我有机会把博士阶段的研究重新梳理一遍,重新思考了对自己而言十分重要的议题。社会网络、自我传播网络与孤独感这个议题之所以重要,是因为与我自己的生命体验相关,与我的真性情相关。

回到初心,方得始终。回想起博士面试的时候,李岩老师问起研究的初衷,我说我感到对一切陌生,包括自我。当时的想法或许并不那么学术化,但我当时的体验却是常常感受到这个社会、时代所带给我的陌生感,这种陌生感让我不知道自己是谁,也并不确定周围的一切人、事、物与情感是否真实,我想找到一丝真实的东西,但又感到不得其门而入。这样的研究初衷的确幼稚了些,但又的确是自己要做的功课。

我博士毕业已一年有余,但这里最想感谢的还是在治学与寻找自我的三年中遇到了一个很棒的导师。在治学、生活当中,吴飞老师给了我很多的帮助和照顾。和吴老师的交流可以抛去很多的顾忌,我可以不用去考虑太多话题的深度抑或是学术内涵,感受、体验、想法都可以敞开去聊,而这期间吴老师总是会给我很多的启发。吴老师是一个有力量的人,他曾告诉我,人要解救自己的困境,唯一能够依靠的只有自己,而解救的方法之一,就是严肃、认真地去思考每个"真问题"。

　　每个人的生命中，都有很多超越功利与世俗的问题等待我们去回答。人为何活着，如何面对死去，生命的美感如何可能，始与终之间，有太多的问题需要我们做功课去好好回答。在我看来，只有自己能体验到的，才是真问题。因此，自己的治学之道似乎还是体验导向的，我做不了自己没法体验的研究，或许也正因此，我选择了一个不算宏大的话题：媒介与孤独感。

　　中国文化是不赞成个体的孤独和疏离的。儒家对孤独鳏寡，自古就有些避讳。孔子告诫我们要让自己处在他人的凝视之下，这样才不会犯错误。虽然，我在研究中，同样将孤独感界定为一种负面的认知与情绪，但在自己的日常生活中，我依旧很赞同蒋勋在《孤独六讲》中的观念：唯有孤独，我们才能够清晰地听到自己内心的声音，也唯有孤独我们才会知道自己要做一个怎样的人。

　　我们一个人来到世间，又将一个人离开，在整个过程中，只有自己永远和自己为伴。好在，人被抛入这个世界，但依旧有万物相伴，上有星空，下有良心。

致　谢

感谢与我相识七年的妻子严梦思，与你在一起让我知道了丈夫这个词的含义，总温润如玉的你给了偏执、较真的我最大的包容，抱歉总将自己的想法安在你的身上，我会改。在本书中，你承担了第五章、第六章、第七章等章节的撰写工作，辛苦你了。

感谢我可爱的女儿傅希言同学，徒步回来之后，我们两个人独处了好长一段时间，白天你在书房外守候着为自己忙碌的爸爸，时不时暗示爸爸该陪你玩耍了，这样的你真的好可爱。你出类拔萃，是上天赐给爸爸最好的礼物。

感谢我的两位母亲，付志琴女士给了我生命，并总力所能及给我最好的生活。陈美娥女士给了我妻子生命，感谢您将她托付于我。

感谢我已逝的父亲与奶奶。是父亲您教会了我担当与责任，我总无法忘记您一个人连续加班，回家依旧烧菜、擦窗的身影，总无法忘记您竭尽全力照顾着奶奶、母亲与我的付出，而您总沉默无言。是奶奶您教会了我什么是岁月静好，您出生大户人家，历经太多，沉淀了智慧与宽容。儿时、长大后我常常陪着您睡，那种温暖，在我累的时候，总会回忆起。

感谢我生命中的那些花儿。缘分很神奇，让我们聚了又散，但在记忆的长线中，你们的笑靥依旧如花，每当我唱起民谣，时常想起你们。尘埃落定以后，你我各得其所。你们终会在岁月中找到幸福。江湖再见，我们依旧把酒言欢。

感谢我的那些好友。王际巍总约我去东极岛吃活章鱼，黄亮总约我一醉方休，你们真性情，真好。博士班的那些同学，我要铭记，朱笑宇永远明